Eckhard Schiffer

Reise zur Gelassenheit

Den sicheren Ort in sich entdecken

HERDER

FREIBURG · BASEL · WIEN

Gedruckt auf umweltfreundlichem, chlorfrei gebleichtem Papier

Originalausgabe

www.herder.de
Herstellung: fgb · freiburger graphische betriebe 2006
www.fgb.de
Umschlaggestaltung und Konzeption:
R·M·E München / Roland Eschlbeck, Liana Tuchel
Umschlagmotiv: Ferdinand Hodler, Genfer See mit Savoyer Bergen von
St. Prex aus, 1991
Autorenfoto: © Jan-Reent Schiffer
ISBN 13: 978-3-451-05781-6
ISBN 10: 3-451-0 5781-6

Für Heidrun

Inhalt

Kapitel I

Begegnung mit einem Clown – was Lächeldialoge mit Gelassenheit zu tun haben

Gelassenheit, abgeleitet aus dem mittelhochdeutschen
– *gelazen*: sich niederlassen, niedergelassen
– *Gelaeze:* Niederlassung, Niederlassungsort
– *Gelass:* Raum zum Aufbewahren

Der freundliche Herr, der mich nach einem Vortrag zum Thema *Salutogenese* (= Gesundheitsentstehung) zum Bahnhof brachte, zeigte sich von dem Thema beeindruckt. Besonders die Lächeldialoge zwischen Mutter und Kind in dessen ersten sechs Lebensmonaten hatten es ihm angetan.

Über diese Lächeldialoge erwirbt das Kind Vertrauen und das Wissen, für sein Gegenüber bedeutungsvoll, sogar ein Geschenk zu sein, so hatte ich ausgeführt. „Wenn es stimmt, dass diese Lächeldialoge für das Vertrauen und die Gesundheit des Kindes so wichtig sind, dann verstehe ich auch, warum es mich immer wieder so sehr berührt, wenn Kinder, für die ich arbeite, mich anlächeln – auch wenn es oft nur ein Lächeln mit den Augen ist …"

Was denn seine Arbeit sei, fragte ich meinen freundlichen Chauffeur. „Ich arbeite als Clown für Kinder auf der Intensivstation eines Krankenhauses." Nun war ich an der

Reihe, von dem, was ich hörte, beeindruckt zu sein. Ich erfuhr von der Arbeit eines sehr einfühlsamen Menschen: „Wenn ich in meinem Clowns-Dress mit roter Nase auf die Intensivstation komme und sehe da ein Kind völlig teilnahmslos im Bett liegen, in sich zurückgezogen, die Eltern stehen daneben, starren wie das Kind ins Leere, sind völlig ratlos verzweifelt, dann weiß ich nie, wie die Begegnung ausgehen wird, ob es mir glücken wird, einen Kontakt herzustellen ... Aber immer wieder passiert ein kleines Wunder. Dann huscht ein Lächeln über das Gesicht des Kindes und ich weiß, das Kind hat mich wahrgenommen. Und ebenso weiß das Kind sich von mir wahrgenommen. Manchmal ist es nur ein Lächeln, das ich *innerlich* spüre. Aber auch darüber ist zwischen uns eine Beziehung hergestellt. Wenn ich dann zur Gitarre greife und singe, geht das Lächeln weiter und auch die Eltern des Kindes lassen sich schon mal ermutigen, mitzusingen. Und manches ist auf einmal ganz anders, wie verwandelt. Spätestens in dem Augenblick, in dem Vater oder Mutter mitsingen. Beim Abschied sage ich dann dem Kind, wann ich wiederkommen werde."

Augen-Blicke der Begegnung

Regenbogen, so heißt der Clown, gelingt in diesem Augenblick offensichtlich das, was den Eltern in ihrer Verzweiflung und in ihrer eigenen Trauer nicht mehr gelingt, nämlich das Kind umfassend wahrzunehmen – in seiner gesamten Verfasstheit. Das Lächeln ist das Signal für wechselseitig gelingende Wahrnehmung einschließlich der gesunden Anteile des manchmal todkranken Kindes. Und in dem überraschenden Moment des gemeinsamen

Singens von Vater und Clown vollzieht sich eine Wandlung: der Vater kann sein Kind wieder anlächeln, traut sich aus seinem resignativen Rückzug heraus. Er vergegenwärtigt im Singen – meist ohne dies selber bewusst zu registrieren – eigene frühe Lächelerfahrungen. Dann können sich auch Vater und Kind wieder anlächeln, sich wechselseitig wahrnehmen. Angst, Schmerzen, Verzweiflung werden dabei nicht verleugnet, verdrängt. Sie sind vielmehr in diesem Lächeldialog und dem gemeinsamen Singen entmächtigt oder – wenn man so will – „gut aufgehoben". Zumindest in diesem Augenblick. Es ist so, als ob sich eine Tür zu einer *Nebenwelt* öffnete, die sonst in der Alltagsrealität der Erkrankung verschlossen ist. In dieser Nebenwelt existieren ganz viele gesunde Kräfte, beziehungsweise Gesundheit ermöglichende Kräfte. Diese *salutogenetischen* Kräfte bewirken das Paradox von Gesundheit neben oder in der Krankheit.

Faszinierend daran ist, dass diese salutogenetischen Kräfte aus den Freiräumen des Spielens und des Dialoges entspringen – sie damit im menschlichen Leben vom ersten Augen-Blick an wirksam werden können. Wir vergessen das leider nur zu oft. So denken wir mehr daran, was krank macht, als an das, was unsere Gesundheit oder bei Erkrankung unsere Gesundung fördert, bzw. unsere Krankheit leichter tragen lässt.

So sind zum Beispiel die kindlichen Lächeldialog-Erfahrungen für das *implizite* (nicht an Worte gebundene) Selbstgefühl und Geborgenheitsempfindungen hochbedeutsam. Sie beruhigen und ermutigen, sind damit auch Grundlage von Gelassenheit – insbesondere dann, wenn die Kinder selber wieder Eltern geworden sind.

Das Schrecklichste, was Eltern passieren kann, nämlich eine tödliche Bedrohung ihrer Kinder, wird durch ein Moment der Gelassenheit im Lächeln soweit gemildert, dass z.B. der Vater seinem Kind wieder nahe sein kann, ohne dass die Sorgen ihn erstarren oder fliehen lassen. Und manchmal – nicht immer – kann ein solches Moment von Gelassenheit mithelfen, den vorzeitigen Tod abzuwenden.

Die Gelassenheit, die dem Vater über die Begegnung zwischen Clown und Kind ermöglicht wird, hat nichts mit Distanzierung, Verdrängung, Gleichgültigkeit, Gefühlsstrangulation oder ähnlichem zu tun, sondern ist vielmehr so etwas wie vergegenwärtigte Ermutigung und Beruhigung aus früherer Geborgenheitserfahrung heraus. Es ist gewissermaßen eine Rückkehr zu einem *verinnerlichten Ort des Vertrauens und der Geborgenheit* ...

Solch ein sicherer Ort ermöglicht Gelassenheit. Hier ist der Raum, in dem die guten Erfahrungen – zum Beispiel Lächeldialoge – aufbewahrt sind.

Annäherung an Gelassenheit

Mir ging zu dem, über das Regenbogen berichtete, unglaublich viel durch den Kopf. Da wir eher als erwartet am Bahnhof angekommen waren und noch etwas Zeit hatten, erzählte ich dem Clown, dass mich derzeit das Thema *Gelassenheit* – und zwar im Sinne eines schöpferischen Umganges mit Gefühlen – sehr beschäftigte. Ich hätte mich etwas leichtsinnig darauf eingelassen, ein Buch zu diesem Thema zu schreiben und müsste nun feststellen, dass allein schon eine nähere Beschreibung dessen, was mit Gelassenheit gemeint sein könnte, sich als genauso schwierig erweise, wie einen Pudding an die Wand zu nageln.

„Ein spannendes Thema", meinte Regenbogen lächelnd. „Wissen Sie denn schon, für welche Variante von

Gelassenheit Sie sich entscheiden werden – die lebensbejahende oder die lebensverneinende, die spontane oder die aus reflektierter Einsicht?"

„Die Reihe lässt sich noch fortsetzen", entgegnete ich. „Es gibt Menschen, die wirken äußerlich nicht aufgeregt, sondern ganz und gar ruhig – auch wenn andere schon explodieren. Man könnte also sagen, dass solche Menschen gelassen wirken. Aber wenn man dann ihre körperlichen Stressparameter – Blutdruck, Blutzucker, Cortisol-Spiegel im Blut – misst, dann merkt man erst, unter welchem Dampf sie stehen. Fatal ist, dass die Betroffenen das selber meist gar nicht merken und mit sich zufrieden sind, solange sie keine körperlichen Krankheitssymptome in der weiteren Folge zeigen.

Auch wenn solche Menschen gelassen wirken und sich selber auch dafür halten, so kann man doch nicht behaupten, sie gingen mit den eigenen Gefühlen kreativ um. Die Gefühle scheinen eher unverarbeitet in eine Art Dampfdruckkessel zu gelangen, so dass sie eben keinen Aus-Druck finden und auf Dauer dann doch Schaden anrichten.

So gibt es Säuglinge, die auf eine Trennung von der Mutter nur mit schwachem Protest reagieren, aber gleichzeitig in einen Zustand schwerer körperlicher Erregung geraten, die man nicht ohne weiteres von außen bemerkt. Meistens sind es Kinder, die nur sehr unsicher an ihre Eltern gebunden sind – aus welchen Erfahrungen heraus auch immer. Bedrückend daran ist, dass diese unsicher gebundenen Kinder dann als Erwachsene zu ihren eigenen Kindern ebenfalls nur eine unzulängliche Beziehung herstellen können. Das heißt, dass die Vereinsamung der Kinder durch die Generationen hindurch weitergegeben, eben sozial vererbt wird.

Von daher finde ich auch das, was Sie aus Ihrer Arbeit berichten, so bedeutsam: Zerfall und – durch Lächeldialoge – Wiederaufbau von Bindungsbeziehung, die dann Gelassenheit ermöglicht."

Ich fragte Regenbogen, etwas akademisch, ob vor diesem Hintergrund auch ihm – so wie mir jetzt – plausibel sei, dass Gelassenheit sich aus dem mittelhochdeutschen *gelazen* ableite, was „sich niederlassen" bedeute. *Gelaeze* wiederum meine „Niederlassung" und auch „Niederlassungsort". Und das *Gelass* sei ein „Raum zum Aufbewahren".

Sich niederlassen hieße dann, angekommen sein, für sich einen (inneren) Ort gefunden zu haben, sich auf diesen Ort einlassen, für sich bedeutsam werden lassen. Zugleich auch zu wissen, dass das mir Bedeutsame an diesem Ort gut aufbewahrt ist. Und das erste existentiell Bedeutsame im Leben eines jeden Menschen sind eben die frühen Lächeldialoge. Sie sind bedeutungsvoll.

Regenbogen lächelte mich wieder freundlich an: „Schön, wenn man so einen inneren Ort mal gefunden hat ... Ich weiß nur nicht, wie schnell man ihn findet oder wiederfindet. Und ob es ohne Umwege geht. Vermutlich nicht. Auch mir scheint eine genaue inhaltliche Festlegung dessen, was mit Gelassenheit gemeint ist, als sehr schwierig. Möglicherweise sind diese Fragen aber auch gar nicht so entscheidend. Wichtig ist vielleicht eher, eine Ahnung oder Hoffnung, zumindestens eine Utopie zu haben, dass es einen solchen Ort in mir gibt und dass ich dahin kommen kann. Wahrscheinlich muss ich mich späterhin auch erst von manchem lösen, um mich auf einen Weg machen zu können, der zur *Los-Gelassenheit* führt. Ich finde schon, dass dieses Wortspiel etwas signalisiert, was das Bild von dem *Gelass* ganz gut ergänzen könnte. Ich habe in meinem Leben jedenfalls nicht allen Krempel mitnehmen können, bevor ich Clown wurde."

Leider kam dann schon mein Zug. Wir verabredeten, uns möglichst bald wieder zu treffen. Regenbogen winkte mir zu: „Viel Erfolg bei den Pudding-Nagelversuchen ...!"

Kapitel II

Im Lachen und Lächeln Geborgenheitserfahrungen wieder lebendig werden lassen

„Nur der Mensch leidet so qualvoll in dieser Welt, dass er gezwungen war, das Lachen zu erfinden.“

Friedrich Nietzsche

„Das Lächeln ist insofern die höchste Form des Lachens, weil hier ein Subjekt seine Freiheit und die Meisterschaft über sich selbst zeigt.“

Peter L. Berger

Von einem guten Arzt erwarten wir als Patienten Einfühlungsvermögen *und* Gelassenheit, also das, was Clown Regenbogen in seinem Erzählen spürbar werden ließ.

Die Medizinstudenten in Deutschland hingegen erlernen zunächst einen prächtigen Zynismus. Zu ihrem eigenen Schutz. Denn ihr erster Patient, mit dem sie sich im ersten oder zweiten Semester beschäftigen, ist eine formalingetränkte Leiche. „Bevor Sie lossäbeln, vergegenwärtigen Sie sich, dass Sie an einem toten Menschen lernen, dem Sie Respekt und Dank schulden“, ermahnte uns unser Kieler Anatomieprofessor Alkmar von Kügelgen zu Beginn der ersten Präparierübungen. Natürlich wurde trotzdem kräftig und zynisch gewitzelt, um innerlich Distanz herstellen zu können, obgleich die formalingetränkten Körper selbst schon eine merkwürdige Distanz zum Tod wie zum Leben herstellten.

In den ersten klinischen Semestern müssen von den Medizinstudenten weitere Abwehrmauern hochgezogen werden. Die Eindrücke von den schwer erkrankten Patienten, die in den „Falldemonstrationen“ vorgestellt werden, lassen sich nicht so schnell wieder abschütteln. Nicht wenige Medizinstudenten entdecken an sich selbst die Symptome der Krankheit, von der sie gerade etwas erfahren haben. Wer keinen freundlichen Hausarzt in der Nähe hat, ist damit ziemlich aufgeschmissen. Denn den Kommilitonen etwas davon zu erzählen, würde eine Spottlawine lostreten. Also: weiter die Gefühle in sich hineinfressen!

Von daher erscheint es nicht so verwunderlich, dass das *Kohärenzgefühl* der Medizinstudenten am Ende ihres Studiums schwächer als zu Beginn ausgeprägt ist. Dies ergab eine Untersuchung der Psychosomatischen Klinik an der Medizinischen Hochschule Hannover. In diese Untersuchung zum Kohärenzgefühl wurden neben Patienten am Anfang und Ende ihrer Therapie auch Medizinstudenten am Anfang und am Ende ihres Studiums mit einbezogen.

Mit dem Kohärenzgefühl (siehe Kap. V) werden wir uns noch ausführlicher beschäftigen, da es ganz entscheidend zur Gelassenheit mit beiträgt. Kohärenz kommt aus dem Lateinischen und bedeutet soviel wie Zusammenhalt oder auch einen inneren Halt haben. Das Kohärenzgefühl ist bedeutsam für unsere körperliche und seelische Gesundheit.

Zynische und sarkastische Witze dienen dem eigenen Schutz. Sie erzeugen eine Distanz zu der Situation, aus der heraus – wie in der Begegnung mit Krankheit und Tod – ich mich bedrängt fühle. „Medizinerwitze“ sind dabei durchaus reputierlich, sie dürfen nur nicht den betroffenen Patienten zu Ohren kommen.

Für heilsamen, patientengerechten „Regenbogen-Humor“ sind nun keine medizinischen Richtlinien möglich. Auch Fortbildungsorte, an denen die Arzt-Patienten-Beziehung reflektiert werden kann – zum Beispiel die sogenannten Balint-Gruppen –, sind rar. Hilfreich kann aber ein Chef oder ein erfahrener Kollege sein, mit dessen Haltung man sich identifizieren kann.

Eine solche Haltung in der ärztlichen Sprechstunde meint ein Pendeln zwischen Nähe und Distanz. In der Nähe stimme ich mich auf den Patienten ein, entferne die Schutzhüllen von meinen eigenen empfindsam-empfindlichen Seiten und achte auch darauf, was sich in mir selbst – aus meiner eigenen Biografie heraus – in diesem Augenblick verdeutlicht. Dann gehe ich wieder auf Distanz. Betrachte wie aus einem Zuschauerraum heraus den Patienten und sein Drama wie auf einer Bühne. Und ich lade den Patienten ein, neben mir im Zuschauerraum Platz zu nehmen, damit wir uns das Drama gemeinsam aus der Distanz ansehen können.

Das kann ausdrücklich mit Worten (*explizit*) oder beiläufig ohne Worte (*implizit*) geschehen. Bei meiner Patientin Elfriede war dies zunächst weder implizit noch explizit möglich. Auch „Regenbogen-Lächeldialoge“ stellten sich erst zum Schluss der Therapie ein.

Als ich im Zusammenhang mit dem ambulanten Vorstellungsgespräch Elfriede erstmals begrüßte, erlebte ich viel Ablehnung. Mein Begrüßungslächeln meinte ich gefrieren zu spüren.

Im Gespräch zeigte sich Elfriede jedoch mitteilungsbereit. Ich erfuhr einiges von ihrer eigenen Vorgeschichte sowie der ihrer Eltern:

Elfriedes Mutter hatte schon bald nach ihrer Hochzeit nicht mehr viel zu lachen. Der landwirtschaftliche Betrieb, in den sie eingeheiratet hatte, wurde von ihrer Schwiegermutter beherrscht; sie musste sich fügen. Ihr Mann unterstützte sie in ihren eigenen Anliegen kaum. Nach der Geburt ihrer Tochter Elfriede erkrankte sie an einer schweren Depression, die sich über Monate hinzog. Ihre Stimmung hellte nur sehr allmählich auf, immer wieder kam es zu neuen depressiven Einbrüchen. Ihre Stellung auf dem Hof wurde dadurch nicht besser. Immer mehr wurde sie von einer deutlich depressiven Grundstimmung beherrscht, aus der heraus sie phasenweise – besonders zum Frühjahr hin – in depressive Löcher einbrach. Lächeldialoge, so können wir vermuten, wird es zwischen Elfriede und ihrer Mutter nur selten und flüchtig gegeben haben.

Elfriede wird – besonders in den Zeiten, in denen die Mutter in ein Landeskrankenhaus muss – vorwiegend von der Großmutter erzogen. Strenge, Pflicht, frühes Mithelfen sind für ihre Kindheit und Jugend kennzeichnend. Dennoch, das Füttern der Tiere, das Kartoffelaufsammeln und Heueinbringen werden auch als schön, sogar beglückend erinnert. Ebenso das ausgelassene Spielen mit den Nachbarkindern. Fürs verspätete Nachhausekommen gab es allerdings Schläge.

Elfriede heiratet dann wie ihre Mutter in einen landwirtschaftlichen Betrieb ein, kann sich aber gegen die vorgegebenen Strukturen besser durchsetzen, weiß ihren Mann auch mehr auf ihrer Seite. Gemeinsam mit ihm schuftet sie, um den Betrieb über Wasser zu halten. Zu ihrer Tochter als ihrem einzigen Kind hat sie, wie sie meint, eine sehr innige Beziehung – bis die Tochter kurz vor dem Abitur ihre Schullaufbahn abbricht und mit einem jungen

Mann zusammen in eine gemeinsame Wohnung in die benachbarte Großstadt zieht. Dort jobbt sie in der Gastronomie.

Rückenprobleme hat Elfriede schon lange gehabt, nach dem Auszug der Tochter plagen sie Schmerzen in den Armen und Beinen, so dass sie kaum noch arbeiten kann. Nach einigen Umwegen und aufwändigen diagnostischen Verfahren wird Elfriede in unserer ambulanten Sprechstunde vorstellig. Es ist im Laufe der weiteren Therapie schwer, zu Elfriede einen tragfähigen Kontakt herzustellen. Noch schwerer ist es, sie für eine Sichtweise zu gewinnen, dass ihre Schmerzen auch etwas mit ihren schmerzlichen Lebenserfahrungen, ihrem ständigen Zusammenreißen und der Schwierigkeit, den Eigensinn der Tochter aushalten zu können, zu tun haben könnten.

Wofür Elfriede jedoch motiviert werden kann, ist zunächst das Singen in der Gruppe und dann das Einzelsingen. Sie selber äußert sich mir gegenüber, dass es ihr danach jeweils deutlich besser gehe, die Schmerzen nachließen. Und: gerne gesungen hätte sie eigentlich immer schon, bei der Arbeit, in der Schule, in der Kirche und mit ihrer eigenen Tochter. Nur in den letzten Jahren sei sie kaum noch dazu gekommen ...

In der weiteren Folge ist das Gespräch mit Elfriede einfacher. Sie kann sich mit ihrer eigenen Lebensgeschichte und der ihrer Mutter sowie auch ihrer Tochter auseinandersetzen, kann sich auch dahingehend äußern, wie sehr der Eigensinn der Tochter, der fast wortlos ohne Aussprache mit dem Bruch der Gemeinsamkeit einherging, sie schmerzt.

Alles habe sie für ihre Tochter getan – und nun das ...

In einer der darauf folgenden Sitzungen kommt Elfriede noch einmal auf die Trennungssituation zu sprechen: dass *ihre* Tochter sich so verhalten könne, hätte sie nie gedacht …

Ich bitte Elfriede, sich vorzustellen, sozusagen als ihre eigene Nachbarin über ihren Gartenzaun zu schauen und die Elfriede – also sich selbst – sowie die (eigene) Tochter zu beobachten, wie die beiden so miteinander umgehen. Elfriede versteht sofort, worum es geht, nämlich zu versuchen, aus einer Distanz heraus sich selber wahrzunehmen. Gewissermaßen aus dem Zuschauerraum heraus Szenen ihres Lebensdramas auf der Bühne zu beobachten … Ich meine, auf Elfriedes Gesicht die Spur eines Lächelns gesehen zu haben, als sie mir fragend entgegnet, ob das Ganze wohl so eine Art Trick von mir sei.

Auf meine Frage, ob sie aus dieser Sicht auf die Bühne sich eine Entgegnung ihrer Tochter auf ihre letzte Äußerung – sie habe gedacht, dass *ihre* Tochter so etwas nie tun würde – vorstellen könnte, reagiert Elfriede prompt. Ihre Tochter würde ihr das sagen, was sie ihr schon mal gesagt habe, nämlich, dass sie nicht zu ihrem Besitz gehöre, wie ihre Kühe beispielsweise …

An dem darauf folgenden Gespräch nahm auch der Ehemann teil. Als er – mit Elfriedes Einverständnis – von der „Drama-Vorstellung" erfuhr, lächelte er ein wenig, äußerte sich dann – sehr vorsichtig – sinngemäß, dass er eigentlich schon immer gemeint habe, dass Elfriede die Tochter loslassen müsse, wenn sie diese für sich zurückgewinnen wolle. Elfriede antwortete darauf zunächst nichts, es arbeitete in ihr aber sehr heftig. Ob er seiner Frau dies schon einmal in solch einer klaren Form hätte sagen können, fragte ich den Ehemann. Dieser verneinte – er hätte sich bislang nicht getraut, auch Zweifel gehabt, ob es etwas nutzen würde.

Auf meine Nachfrage, ob Elfriede die beiden Männer neben ihr „im Zuschauerraum", d.h. ihren Mann und mich, aktuell als Feinde oder als Verbündete erlebe, zögert sie etwas, sagt dann aber: „als Verbündete." Erstmals bemerke ich bei ihr ein deutlicheres Lächeln, obgleich ihre Schmerzen in dieser Stunde sehr heftig sind. Die Schmerzen lassen erst nach, als Elfriede für sich nachvollziehen kann, warum der Halt, den sie bei ihrer Tochter über das Festhalten gesucht hatte, so wichtig war: Weil die Tochter ihr über die Lächelbeziehung von Anfang an scheinbar das an Selbstbestätigung vermittelt hatte, was sie von ihrer Mutter nicht hatte bekommen können.

Es war für Elfriede dann noch ein schmerzlicher, aber letztlich befreiender Prozess, gelten zu lassen, was eine Tochter in Unterscheidung zu einer Mutter kann bzw. nicht kann – insbesondere in ihren Kinderjahren nicht die fehlende Geborgenheitserfahrung der eigenen Mutter ausgleichen.

Sinnvoller wäre dann schon der Versuch, im gemeinsamen Singen – das Elfriede bereits zu Beginn der Therapie so gut tat – die vermisste mütterliche Geborgenheitserfahrung zu suchen. Beim Singen – allein oder mit anderen – können wir uns besser gestimmt erleben, insgesamt entspannter und gelassener werden, auch wenn uns zuvor die heftigsten Gefühle erschüttert haben sollten. Wenn Vater und Mutter mit ihren Kindern zusammen singen, dann hat dies sowohl für die emotionale Sicherheit und Gelassenheit des Kindes als auch für die der Eltern eine ähnliche Bedeutung wie die Begegnung in den Lächeldialogen. Und das singende Kind verliert trotz intensiver Nähe nicht sein „Stimm-Recht", muss sich nicht so sehr wie Elfriedes Tochter sorgen, in der intensiven Bindung an die Mutter die eigene Identität zu verlieren.

Über neurobiologische Prozesse – diese sind aber keinesfalls identisch mit all dem, was sich zwischen Eltern und Kind beim Singen ereignet – wird im Gehirn durch das Singen das körpereigene Belohnungssystem aktiviert, das uns die „guten Gefühle" beschert. In einigen Hirnbereichen wird dabei der Botenstoff *Dopamin* vermehrt ausgeschüttet, in anderen Arealen hingegen körpereigene opiumähnliche Substanzen. Das Dopamin ist für die „gute Laune", die opiumähnlichen Substanzen *(Opioide)* sind für Angstfreiheit, Ruhe und Gelassenheit zuständig.

Warum die frühen Lächeldialoge so bedeutsam sind

Der sichere Halt, beziehungsweise der sichere innere Ort, der Elfriede weitgehend fehlte – und dessen Fehlen ihr zunächst verunmöglichte, die Tochter loszulassen – entsteht schon in den ersten Lächeldialogen zwischen Eltern und Kind. Auf das spontane Lächeln des Kindes – zunächst im Schlaf – folgt die Lächelantwort der Eltern. Die Häufigkeit der kindlichen Lächelgeschenke wird dann im wachen Dialog durch das antwortende Lächeln der Eltern verstärkt, was wiederum deren spontane Lächelbereitschaft und -freude fördert.

„Bis zum Alter von sechs Monaten gibt es unter normalen Umständen bis zu dreißigtausend solcher Lächelbegegnungen (...). Es sind dies keine Affektansteckungen sondern Dialoge (...). Mit jeder der dreißigtausend Lächelbegegnungen wächst ein Stück Wissen, dass das entstehende Selbst die Quelle der mütterlichen Freude ist. Das Kind weiß nun, dass es für die anderen ein Geschenk ist" – so der in der *Affektpsychologie* ausgewiesene Rainer Krause (2001). Dieses Wissen schützt das Kind vor heftigen Affekten wie Ekel, Beschämung, Verachtung und Hass – so dramatisch muss man es schon formulieren.

Das wahrnehmende Lächeln der Eltern schützt auf diese Weise allgemein auch vor negativen Stresseinwirkungen, denen das Kind im Laufe seiner Entwicklung ausgesetzt ist. So bleibt das Kind unter Belastung – wie zum Beispiel der einer vorübergehenden Trennung – gelassener. Es reagiert weniger heftig angstvoll oder aggressiv, wenn es nur häufig genug diesen wahrnehmenden Lächeldialog erlebt hat.

Bei fehlendem Lächeldialog können Belastungen fatale Folgen haben. Und zwar insbesondere dann, wenn sie in empfindliche Entwicklungs-Zeitfenster fallen. So kann – über die Dauereinwirkung von Stresshormonen – die *praefrontale Hirnrinde* beschädigt werden. Dieser Bereich des vorderen Großhirns stellt eine Schaltzentrale für die Planung und Organisation von Handlungen dar. Insbesondere werden hier unsere – gedanklich vorweggenommenen – Reaktionen auf ihre möglichen Folgen durchmustert. Eine Beschädigung dieser Region wird heute auch als eine der Ursachen für die spätere Entwicklung eines Aufmerksamkeitsdefizit-Hyperaktivitätssyndroms (ADHS) angesehen. Man könnte auch sagen: Gelassenheitsdefizitsyndrom.

Im Schutz der Lächeldialoge sind die heftigen Gefühle des Kindes gut aufgehoben. Um dies zu verdeutlichen, ist die psychoanalytische Metapher vom *Containing* der Mutter hilfreich: Die Mutter nimmt die Gefühle wie in einem Gefäß (Container) in sich auf und gibt sie „entgiftet" und „containeraufbereitet" in einer für das Kind förderlichen Form wieder zurück. Im Laufe der Zeit verfügt das heranwachsende Kind dann allmählich über einen eigenen Container. Diese Metapher lässt sich auf das *Gelass* anwenden, in dem wie in einem Container das sicher aufbewahrt wird, was bedeutsam ist. Und heftige Gefühle sind zwangsläufig bedeutsam.

Bereits in den Lächeldialogen entfaltet sich ein früher *dialogischer Intermediärraum.* Es handelt sich bei diesem um einen *unsichtbaren Zwischenraum,* in dem zwischen Mutter und Kind sich Hochbedeutsames ereignet.

Diese Intermediärräume sind nicht sichtbar, sie können nicht gefilmt oder anderweitig dokumentiert werden. Sie sind nur erlebbar. Sie eröffnen sich erstmalig in den Lächeldialogen, die in spielerische Dialoge und dialogische Spiele übergehen. Das Kind erlebt sich in den Intermediärräumen wahrgenommen, anerkannt und geborgen. Zugleich kann es in diesem Raum seine schöpferischen Kräfte entfalten. Das Lächeln des Kindes, das in diesem Raum entsteht, ist zugleich auch sein erstes Geschenk für die Eltern, die es mit Freude annehmen und beantworten. Es folgen weitere Geschenke: Gesten, Laute, Lieder, die ersten Sätze, kleine Geschichten, Bilder … Sie kommen aus den Räumen der Kreativität.

In den Intermediärräumen können wir uns auch als Erwachsene über ein Gespräch oder Spiel verlieren – und beschenkt daraus zurückkehren. Aus den Intermediärräumen entspringt jegliches schöpferisch-kulturelle Schaffen. Dies wusste schon der Erstbeschreiber der Intermediärräume, der englische Kinderarzt und Psychoanalytiker Donald Winnicott.

Bereits die Lächeldialoge zwischen Säugling und Eltern stellen ein kreatives Wechselspiel von Darstellung, Wahrnehmung und antwortender Nachahmung dar. Die Nachahmung der Eltern ist aber mit den Lauten und der Mimik des Säuglings nicht vollkommen deckungsgleich. Und ebenso unterscheiden sich dessen Äußerungen, mit denen er selbst auf die Eltern reagiert, von deren Spontanaktivitäten. Es handelt sich dabei um spontan improvisierte Variationen im Kontext eines freudigen Duetts oder

Tanzes. Indem die Eltern ihrem Kind antworten, die Antwort aber modulieren, überzeichnen, akzentuieren, vermitteln sie zeitgleich zu ihrer Nähe, in der sie die Darstellung ihres Kindes wahrnehmen, auch ihre Unterscheidbarkeit vom Kind, ihr Anderssein. Die Darstellung des Kindes bleibt seine *eigene*. Verkürzt: das Kind spürt sich als bedeutsam in seiner eigenen und unterscheidbaren Identität wohlwollend wahrgenommen und anerkannt. Auch das vermittelt ihm weiterhin Sicherheit und Gelassenheit.

Zwölf Jahre später wird das gleiche Thema zwischen Kind und Eltern noch einmal hochaktuell: die Kinder sind dann in dem Ringen um ihre Identität, um ihre Unterscheidbarkeit von den Eltern alles andere als gelassen, eher hochexplosiv. Sie erwarten von ihren Eltern aber ein Maximum an wohlwollender Wahrnehmung und Gelassenheit. Und überwiegend nur auf diese sehr anstrengende Art und Weise kann Pubertät dann gelingen.

Und sie gelingt umso besser, je beständiger die Kommunikation der frühen Lächeldialoge die Kindheit über in geeigneter Weise fortgesetzt wird. Und zwar in einer Weise, in der die Gemeinsamkeit und Unterscheidbarkeit gleichzeitig möglich sind.

Wenn das, was in den frühen Lächeldialogen bereits angelegt ist, nämlich wohlwollende Wahrnehmung in Gemeinsamkeit und Unterscheidbarkeit, das Kind seinen Eigensinn, den eigenen Sinn, entfalten lässt, dann sind spätere Auseinander-Setzungen nicht so bedrohlich, ist ein Zurückpendeln zur Gelassenheit leichter möglich, als wenn ein Konflikt wie bei Elfriede mit aller Heftigkeit eine vereinnahmende Zwangsharmonie aufbricht.

Manche Menschen versuchen allerdings auch, über ein ständiges Lächeln eine (Zwangs-) Harmonie zu erzeugen und zwar gerade dann, wenn es um Konflikte geht.

Meine Patientin Betty zeigte im Gespräch ein solches Dauerlächeln. Ihre Sprache war dabei mit Verniedlichungen gespickt: mein Häuschen, Söhnchen, Hündchen ... Betty hatte ihren Vater als sehr unberechenbar und jähzornig erlebt. Offensichtlich war es Betty jedoch in ihrer Kindheit gelungen, über ihr Lächeln ihren Vater einigermaßen zu beschwichtigen und zugleich auch ihre eigene Wut ihm gegenüber in Schach zu halten.

Das Problem, mit dem Betty kam, waren ihre Panikattacken, die sich im Laufe ihrer Ehe eingestellt hatten, nachdem ihr Mann ihr gegenüber zunehmend ähnliche Verhaltensmuster zu zeigen begonnen hatte wie früher ihr Vater. Allerdings, ohne sich von ihrem Lächeln beeindrucken zu lassen.

Wenn Therapeuten ein solches „Betty-Lächeln“ ebenfalls mit einem eigenen Lächeln dialogisch beantworten, ändert sich allerdings in der Therapie meistens gar nichts. Der Therapeut spürt nur eine zunehmende Hilflosigkeit und einen zunehmenden Ärger. Wenn ihm dann gelegentlich mal der Kragen platzt, hat er ein schlechtes Gewissen. Spätestens an dieser Stelle sollte klar werden, dass diese Lächeldialoge nicht der wechselseitigen Wahrnehmung, Bestätigung und Ermutigung dienen, sondern nur der wechselseitigen Beschwichtigung: „Ich schätze dich (unbewusst) zwar als ziemlich gefährlich ein, schenke dir aber mein schönstes Lächeln, damit du mir nichts tust“ – „und ich (als Therapeut) schenke dir mein schönstes Lächeln, damit du mir auch glaubst, dass ich nicht gefährlich bin.“

Eine andere Form von Lächelmasken zeigt sich da, wo Kinder immer wieder manipuliert worden sind, das zu tun, wonach ihnen momentan gar nicht der Sinn stand. Dieses Lächeln signalisierte: „Wenn du jetzt nicht das tust, was ich von dir verlange, dann ist es mit dem Lächeln bald vorbei". Elterliche Ungeduld oder Unfähigkeit, sich in die Anliegen der Kinder einzufühlen, stehen gewöhnlich hinter einem solchen Maskenlächeln. Es erscheint wie „an- und ausgeknipst", bzw. als mehr oder minder freundliche Drohgebärde im Sinne eines Zähnezeigens. Diese Gesamthaltung einschließlich Maskenlächeln „färbt" sehr oft auf die Kinder ab, kann auf diese Weise durch Generationen hindurch sozial vererbt werden.

Im Dialog erzeugt das Maskenlächeln beim Gesprächspartner eher Spannungen und Unbehagen als eine gelöste Stimmung. In Alltagssituationen fällt es uns dann schwer, uns auf unser Gegenüber einzustimmen. Oft können wir dann besser telefonieren oder eine E-Mail schicken, da uns bei diesen Kommunikationsweisen die Maske nicht verwirren kann.

Wenn Menschen mit Maskenlächeln aus einer inneren Not heraus sich einer Therapie stellen und sich mit sich selbst konfrontieren lassen, kann es zu schweren Erschütterungen kommen. Zum Beispiel, wenn sie in der Gruppentherapie daraufhin angesprochen werden. Da die Erschütterungen so schwer sein können und so tief gehen, ist es meist notwendig, dass – wenn dies angesprochen wird – gleichzeitig eine tragende Beziehung zu einem Einzeltherapeuten besteht. Darüber kann dann die Scham in der so erlebten Blöße ausgehalten werden. Irgendwann sind dann auch unmaskierte Lächeldialoge möglich.

Aber immer wieder können wir auch beobachten, dass Menschen, die wir nur mit einem Maskenlächeln zu kennen meinen, zumindest ein flüchtiges unmaskiertes Lächeln zeigen können, wenn sie zum Beispiel einem Kind begegnen, das sich ihnen unbefangen zuwenden kann, oder wenn sie von einer Melodie ergriffen, von einer Geste berührt, einem Spiel erfasst oder einem Clown angelacht werden. Dann ist offenbar der Schutz der Maske nicht notwendig.

Begegnungsmomente ohne Maske sind nicht nur in der Therapie möglich.

Kapitel III

Dialogische Gelassenheit gegen Schmerzen und Panik

„Ohnmacht, Zerbrechlichkeit sind in der Sicht des naturwissenschaftlichen Bemächtigungsstrebens nur Feinde. Krankheit soll bewältigt werden, was sprachlich von Be-Gewaltigen und Ver-Gewaltigen herkommt. Leben aber ist wesentlich auch Leiden. Zerbrechlichkeit ist in uns angelegt. Intakt ist der Mensch nur, der auch Tragfähigkeit für Leiden entwickelt hat. Dazu gehört die Fähigkeit zum Trauern, das Lernen, krank zu sein, Schuld zu akzeptieren und die Sterbeangst auszuhalten. Wer nicht leiden kann, ist auch unfähig zum Mitleiden."

Horst-Eberhard Richter

Dieselben Nervenzellen, die bei körperlichen Schmerzen aktiviert werden, d.h. messbare elektrische Aktivität zeigen, können ebenso auch bei seelischen Schmerzen „zu feuern" beginnen. Von daher können sich seelische Schmerzen, z.B. im Zusammenhang mit Verlustängsten, auch als körperliche Schmerzen zeigen oder bereits bestehende körperliche Schmerzen noch verstärken. So sind auf neurobiologischer Ebene die anhaltenden starken Schmerzen der Patientin Elfriede zu erklären, deren seelische Schmerzen über den nicht akzeptierten Weggang der Tochter sich nur in dieser Form zeigen durften. Allerdings: die Neurobiologie kann uns nichts aus der gelungenen oder misslungenen Beziehungsgeschichte von Mutter und Kind erzählen, nichts von der Freude, der Hoffnung und den Ängsten der Mutter in der Begegnung mit ihrem Kind. Dazu sind wir auf das Gespräch sowie unsere eigene unmittelbare Wahrnehmung von Mutter und Kind angewiesen, oder das, was wir innerlich in der sogenannten *Gegenübertragung* (unsere von unserer eigenen Lebensgeschichte her bestimmte Reaktionsweise auf ein Gegenüber) erspüren.

Auf der von uns unmittelbar wahrnehmbaren Ebene der Begegnung zwischen Mutter und Kind gilt für die mütterliche Beantwortung der Signale kindlichen Schmerzempfindens ähnliches, wie es bereits schon für die Freude bei den Lächeldialogen berichtet worden ist: „Auf den Schmerz des Säuglings bei einer Impfung antworten die Eltern mit einem schmerzlichen Gesichtsausdruck, der dem Säugling signalisiert, dass sie seinen Zustand verstehen. Sie machen aber nicht ein realistisch schmerzverzerrtes Gesicht, wie wenn ihnen selbst Schmerz zugefügt worden wäre, sondern modulieren ihren Ausdruck und begleiten ihn mit Kommentaren, die Beruhigung signalisieren. Dadurch wird der kindliche Schmerz zugleich aufgenommen und modifiziert. Der Säugling sieht in der elterlichen Reaktion eine modifizierte Darstellung seines eigenen Zustands, verinnerlicht sie und entwickelt so eine sekundäre (symbolische) Repräsentanz seines primären Schmerzzustandes, die später in ähnlichen Situationen abgerufen werden kann und ihm bei der Affektregulation behilflich ist." (Martin Dornes, 2005)

Verkürzt: auch bei Schmerzen werden im Eltern-Kind-Dialog sowohl das Gemeinsame als auch je Eigene wahrnehmbar. In der dialogischen Reaktion der Mutter erlebt das Kind, dass es auf seine Mutter *einwirken* kann. Dies stellt eine hochbedeutsame Erfahrung für das Kind dar. Denn sie vermittelt: Ich bin nicht allein und hilflos meinen Schmerzen ausgeliefert. Über diese Beruhigung wird das aktuelle Schmerzerleben schon gemildert. Zugleich wird über die so genannten *Spiegelneuronen*, die für unser seelisches und körperliches Schmerzerleben zuständig sind, der abgeschwächte Schmerzausdruck der Mutter registriert und in die Eigenbewertung der kindlichen Schmerzen mit aufgenommen.

Wenn ein Kind mit seinen körperlichen und seelischen Schmerzen auf Dauer nicht dialogisch eingebunden ist, stellt sich das Gegenteil von Gelassenheit ein, nämlich heftigste Panik. Das Gleiche kann passieren, wenn die Eltern ständig selber mit heftiger Angst auf das Kind reagieren und dies dem Kind ungefiltert zeigen, also ihm gegenüber auch in undramatischen Situationen nicht gelassen bleiben können. Wird dies zur Regel, so wird das Kind späterhin zu Panikreaktionen disponiert sein und auf die Schmerzen seiner eigenen Kinder dann genauso wie ehedem seine Eltern reagieren. Auch hierfür gibt es „neurobiologische Orte" im menschlichen Gehirn und das sind die sogenannten *Mandelkerne*. Diese stellen eine mandelförmige und auch mandelgroße Ansammlung von Nervenzellen beiderseits tief in den Schläfenlappen des Gehirns dar. Ihre bekannteste Funktion ist die des Angstgedächtnisses und der damit verknüpften Kampf- oder Fluchtalarmierung.

Den schnellsten Zugang zu den Mandelkernen haben Geruchseindrücke. Diese gelangen über die Riechnerven ohne Zwischenstation zu den Neuronen des Mandelkerns, die darüber „entscheiden", ob wir jemanden „riechen können" oder nicht. In diesem Zusammenhang erscheint es auch bedeutsam, dass über den Mandelkern eben nicht nur unser Kampf- und Fluchtverhalten aktiviert wird, sondern auch unser sexuelles Interesse.

Alle anderen Sinneseindrücke werden im Zwischenhirn umgeschaltet und als „ungefährer erster Eindruck" an die Mandelkerne weitergegeben. Wird dieser Eindruck mit einer bedrohlichen Vorerfahrung verknüpft, lassen die Mandelkerne die emotionalen Alarmglocken schrillen. Ebenso wird der Hypothalamus aktiviert, über den der Organismus für Kampf oder Flucht vorbereitet wird: das Herz schlägt schneller, der Blutdruck steigt, die Atmung vertieft sich, Blutzucker und Blutfette als Energieträger steigen an, die Muskelspannung erhöht sich und so weiter ... Während die Kampf-, bzw. Fluchtvorbereitung auf vollen Touren läuft, werden die Sinneseindrücke noch eine Instanz weitergereicht, nämlich zur Hirnrinde. Dort werden sie differenziert und können – zeitlich später – den ersten Eindruck bestätigen oder Entwarnung geben: der schwarze, bedrohlich am Wegesrand stehende Mann entpuppt sich bei weiterer Auswertung der Signaldaten im Gehirn als eine Kopfweide. Die Kampf- bzw. Fluchtreaktion des Organismus kann heruntergeregelt werden, wozu insbesondere das Cortisol benötigt wird.

Je nach unseren Vorerfahrungen und aktuellen politisch-soziokulturellen Gegebenheiten kann solch ein Vorgang sehr unterschiedlich verlaufen. Das Sirenengeheul eines Probealarmes für einen Angriff mit ABC-Waffen, das ab 1962 knapp dreißig Jahre lang in der Bundesrepublik ertönte, löste auch in Friedenszeiten Angstgefühle aus. In Zeiten politischer Spannungen wie in den Jahren

1961/62, in die der Bau der Berliner Mauer und die Kuba-Krise fiel, waren diese Angstgefühle deutlich verstärkt. Bei denjenigen, die selber als Kinder Bombennächte durchgemacht hatten, konnten sich Panikzustände einstellen.

Die Mandelkerne können bereits „feuern", wenn wir in Situationen gestellt werden, die nur eine entfernte Ähnlichkeit mit denen haben, in denen wir als Kinder mit Schmerzen und Ängsten ohne dialogisch-mitfühlende Begleitung allein geblieben waren. Das gilt insbesondere für gewalttätige seelisch-körperliche Traumatisierungen, denen das Kind allein ausgesetzt war oder die es durch eben jene erleiden musste, die eigentlich zu seinem Schutz und seiner Fürsorge bestellt waren.

Der Vollständigkeit halber soll noch erwähnt werden, dass es zwei Arten der Angstverarbeitung gibt. Der „Typ I" ist eben beschrieben worden. Die Affekte und in der weiteren Folge auch die körperlichen Reaktionen, die bei diesem Typus über die Mandelkerne hervorgerufen werden, sind im Grunde automatische Antworten. Sie entziehen sich unserer willkürlichen Kontrolle. Angstreaktionen des „Typs II" wie zum Beispiel bei der Ankündigung eines Prüfungstermins, laufen vorrangig über das Großhirn. Sie haben den Vorteil, dass wir sie zeitgerecht wahrnehmen und zu einem Teil auch gedanklich beeinflussen können: „Ist ja noch lange hin!" Vom äußeren Verhalten her sieht man den Affekten zumeist nicht an, ob sie zum Typus I oder II gehören oder möglicherweise auch zusammen auftreten.

Leider können spätere Dialoge oder Appelle gegen die automatische Aktivität der Mandelkerne kaum etwas ausrichten. Sie sind mit ihrer – überschießenden – Alarmfunktion immer schon schneller als jeder beruhigende Zuspruch oder jede Gelassenheitsempfehlung. Beeinflussbar sind die Mandelkerne aber augenscheinlich durch das Singen – wie die klinische Fallskizze von Elfriede zeigt. Aus diesem Grunde haben die Menschen früher in Not nicht nur gebetet, sondern auch gesungen. Deswegen gibt es beruhigende Gutenacht- und Wiegenlieder. Und wir haben als Kinder vielleicht auch gepfiffen und gesummt, wenn wir in dem dunklen Keller Angst hatten. Und als Clown Regenbogen sang, konnte der verzweifelte Vater des kranken Kindes wieder lächeln und mitsingen.

Spiel und Dialog – auch für die elterliche Gelassenheit

Das lustvolle „Abenteuer Kindheit" beginnt in der Übergangsphase vom Krabbeln zum Laufen. Unvergleichlich der Triumph, die Haltung auf allen Vieren zu überwinden und die „fernen Kontinente" der elterlichen Wohnung spielerisch erkunden zu können. Zur Freude und gelegentlich auch zum Schrecken der Eltern. Das Kind verbringt nun weniger Zeit als zuvor mit der Betrachtung des mütterlichen oder väterlichen Gesichtes. Sein Interesse gilt nun auch der aufregenden Welt um ihn herum. Mit allen Sinnen wird diese Welt erkundet: beleckt, geschmeckt, betastet, beklopft, gerüttelt, gezogen, geschlagen, verschoben, behorcht, beäugt ... Daraus entstehen Spielfiguren, über die lustvoll-neugierig Funktionszusammenhänge erkundet und eigene Kompetenzen erprobt und dargestellt werden. Im Alter zwischen eineinhalb und vier Jahren haben solche Spielfiguren – zum Beispiel das Übereinanderstellen mehrerer Bauklötze zu einem Turm mit, rabautz, nachfolgendem Umstürzen, gleichwie ein stolzes Balancieren auf einem Mäuerchen – außer der Lust und der Freude, die sie dem Kind bereiten, auch eine dialogische Funktion. Diese ist nun weitgehend an die Stelle der Lächeldialoge gerückt. Es ist jetzt nicht mehr „face to face" der elterliche Gesichtsausdruck, über den das Kind etwas von sich selbst zurückgespiegelt bekommt und auch zugleich etwas von den Eltern erfährt, sondern die elterlichen *Kommentare* zu seinem Spiel sind es, denen diese Doppelfunktion zukommt.

Die kommentierende Begleitung, Wahrnehmung und Spiegelung im Spiel ermöglichen dem Kind – wie die „face to face-Spiegelung" der Gefühle – Sicherheit in der Welterfahrung und Gelassenheit. Auch ein Sturz, eine Beule, eine blutende Nase signalisieren dann nicht zwangsläufig eine Katastrophe. „... Oooh ... Aua! ... Ich puste mal ... ist ja gleich wieder gut ..." Diese Erfahrungen werden wie die Lächeldialoge verinnerlicht, sie bilden einen inneren sicheren Ort, der späterhin auch Gelassenheit ermöglicht.

Und auch wenn die Kinder dann in die Bäume klettern (sofern sie solche noch vorfinden), ist es wichtig, dass neben dem ängstlich dreinschauenden Vater, der mehr oder minder laut vor sich hinjammert: „komm bloß heil wieder runter", die Mutter (sinngemäß) hochruft: „he, macht das wohl Spaß?!" Wohlwollende elterliche Kommentare in dem Dialog von kindlicher Selbstdarstellung und elterlicher Wahrnehmung sind entscheidend für den inneren sicheren Ort, der späterhin Gelassenheit ermöglicht. Wenn ein Kind z. B. Freude am Malen hat, sollten keine Negativkommentare geliefert und es nicht korrigiert werden. Kommentare wie: „So sieht ein Elefant aber doch gar nicht aus" bremsen Mallust und -freude. Es ist aber auch kein inflationäres Lob notwendig, vielmehr reicht es, wenn die Eltern sinngemäß sagen: „Schön, dass du so gerne malst" und die Bilder nicht nur flüchtig, sondern aufmerksam betrachten, dann nicht wegpacken oder wegwerfen, sondern gut sichtbar – zumindest im Kinderzimmer, besser noch in der Küche – aufhängen. Am besten ist ein (kleines) Bild auf Papas oder Mamas Schreibtisch platziert. Denn ein Bild *ist* das Kind, eine Fotografie hingegen nur ein Abbild des Kindes. Kinder sind bis in die Pubertät mit ihren schöpferischen Eigendarstellungen identifiziert: Das Bild, die Geschichte, das Lied, der Purzelbaum, der Aufsatz *ist* jeweils das Kind selbst. Ein negativer Kommentar zum Singen des Kindes erschüttert die Fundamente des inneren sicheren Ortes. Denn verstanden wird dieser negative Kommentar vom Kind so: *Du bist schrecklich,* indem Du singst ... Das Gleiche gilt für das Malen, Hüpfen, Tanzen, Turnen, Lachen, Weinen, Erzählen ...

Und wenn es für das Kind darum geht zu lernen, dass die frische Tapete in Unterscheidung zum Blatt Papier weniger für schöpferische Selbstdarstellungen geeignet ist, dann ist es für das Kind sehr hilfreich, wenn die Eltern in oder nach der Vermittlung der Unterschiede möglichst rasch zu ihrer eigenen Gelassenheit wieder zurückkehren können. Das geht natürlich umso besser, je mehr die Eltern selber sich an einen inneren sicheren Ort erinnern können.

Man sollte nämlich auch nicht vergessen, dass auch die Eltern sich von einer ängstlich-angespannten, d.h. gar nicht gelassenen Grundhaltung befreien können. Und zwar, indem sie des Abends das Gespräch miteinander suchen über das, was sie zusammen mit ihren Kindern erlebt und gefühlt haben. Es geht dabei darum, dass sich Eltern die Zeit nehmen, insbesondere das, was in ihnen in der Begegnung mit ihren Kindern starke Gefühle hervorgerufen hat, noch einmal wie auf einer Bühne Revue passieren zu lassen. Sie können sich dabei selber in der Interaktion mit ihren Kindern aus dem Zuschauerraum heraus betrachten. Dies kann eine gute Übung zur Gelassenheitsfindung darstellen. Es geht vorrangig nicht um das Bewerten, sondern einfach nur um die Mitteilung und die Betrachtung aus einer zeitlichen und auch räumlichen – nämlich aus dem „Zuschauerraum" – Distanz heraus. In diesem elterlichen Dialog eröffnen sich für beide Intermediärräume, in denen die heftigen Gefühle, die die Begegnungen mit den Kindern begleiten können, sich als gestaltbar und vermittelbar erweisen. Sie beherrschen uns also nicht nur. Die Intermediärräume können jedoch sehr schnell einstürzen, wenn wechselseitige Vorwürfe den elterlichen Dialog bestimmen. Dann kann sich auch keine Gelassenheit entfalten.

Diese elterlichen Intermediärräume sind also auch Räume schöpferischer wechselseitiger *Darstellung, Wahrnehmung* und *Anerkennung.* Es sind im Grunde die gleichen Räume, die sich im Singen und Lachen, im Tanzen und Toben, im Klettern und Malen der Kinder eröffnen. Scheinbar Nebenwelten nur, aber uns immer zugänglich. Wir dürfen nur nicht Kinder wie Eltern mit Gespenstern an den Eingangspforten zu diesen Welten erschrecken. Und diese Gespenster heißen: „das kannst du nicht, wie hört sich das an, wie sieht das aus, pass bloß auf ..."

Dann kann es geschehen, dass wir das Geheimnis dieser Gespenster entdecken, nämlich, dass sie alkohol- bzw. rauschmittellöslich sind. Allerdings: das Singen und Lachen im Alkohol- bzw. Haschischrausch haben ihre ursprüngliche Zauberkraft verloren, eröffnen keine integrierbaren Nebenwelten mehr. Sind eher Gegenwelten.

Wenn aber ein Kind, indem es sich schöpferisch entfaltet, dialogisch auch wahrgenommen weiß, entsteht ein innerer sicherer Ort. Entlang einer Formulierung *Helmut*

Gollwitzers erlebt sich das Kind *in sich behaust.* Gemeint ist ein *In-sich-selber-beheimatet-Sein*, das ihm hilft, spätere Krisen, Kränkungen und Enttäuschungen zu verkraften, d.h. zur Gelassenheit zurückzukehren. Für dieses In-sich-selber-beheimatet-Sein gilt auch die englische Redewendung *my home is my castle,* sofern wir diese Redewendung auf die *inneren* Verhältnisse beziehen. Damit wird auch die Sicherheit dieses inneren Ortes deutlich. Bei Gollwitzer heißt es dazu in *Krummes Holz – aufrechter Gang*: „Weil es menschliche Behausung ist, kann das Zuhause (bei dem Auszug aus dem Elternhaus, E. S.) mit uns gehen: das Geliebtwerden, die übernommenen Normen und Sinn-Verheißungen, das ganze Gehäuse von Gewissheiten und Maßstäben wandert mit und hilft, die neuen Erlebnisse zu integrieren, das neu Begegnende zu sondieren und zu sortieren. Verluste und Leiden können ohne Bruch bestanden werden, solange das Band, das den Menschen mit seinem Zuhause verbindet, nicht zerschnitten ist. Wird es zerschnitten, dann fällt er in die Sinneskrise und fragt nach neuem Zuhause, verschafft es sich eilfertig, weil er die Unbehaustheit nicht ertragen kann (...) Dabei sind die räumlichen Begriffe ‚Zuhause', ‚Heimat' nicht zufällig. Das ‚territoriale Gefühl' verleiht Rechte und Kräfte ..."

Gollwitzer beschreibt prägnant wesentliche Aspekte eines inneren sicheren Ortes, allerdings ohne die dekonstruktiven Prozesse der Pubertät in diesem Zusammenhang ausdrücklich zu erwähnen. (Siehe auch Kp. IV).

Angelehnt an diesen Text habe ich in „Der entfremdete Hunger" (1990) die Identitätskrise eines jungen Mädchens beschrieben, dessen In-sich-selbst-beheimatet-Sein durch die Abwendung des Vaters in der Spätpubertät schwer erschüttert wurde. Deutlich wurde mir dabei auch die grundsätzlich salutogene Kraft des In-sich-selbst-beheimatet-sein-Könnens.

Wenn entlang der heutigen spezifischen Kriterien in der Therapie gewalttraumatisierter Menschen explizit ein innerer sicherer Ort eingerichtet wird, so kann dieser zwar keine Heimat, aber immerhin ein *Asyl* ermöglichen.

Kapitel IV

Pubertät und Adoleszenz: Ausbruch und Struktur

„Nun will ich Sie nicht mit feinsinnigen psychologischen Darstellungen bezaubern. (...) Ich erwidere, dass die Adoleszenz nicht nur ein wichtiger Lebensabschnitt ist, sondern der einzige Abschnitt, in dem man im vollen Sinne dieses Wortes von Leben sprechen kann. Die Triebanziehungskräfte entfesseln sich um das dreizehnte Lebensjahr, danach werden sie zunehmend schwächer oder lösen sich in Verhaltensmodelle auf, die alles in allem nichts weiter als erstarrte Kräfte sind. (...) Brutaler und weniger exakt ausgedrückt kann man sagen, dass der Mensch ein verminderter Heranwachsender ist."

Michel Houellebecq

Unsere Fähigkeit zur Gelassenheit gründet – so der Gang unserer bisherigen Überlegungen – in unseren frühen dialogisch-spielerischen Erfahrungen. Es entsteht ein innerer sicherer Ort, an dem wir das, was uns bewegt, gut unterbringen können. Ein Ort also, an den wir immer wieder auch zurückkehren können, wenn uns unsere E-Motionen (e-moveo, lat.: hinaustreiben, vertreiben) außer uns gebracht haben. Gelassenheit ist damit also nicht als ein Dauerzustand, als eine Art Korsett, zu verstehen, das eine gefühlsreduzierte Haltung erzwingt, sondern als eine Orientierung an einem inneren sicheren Ort, die auch nach heftigsten Gefühlsausbrüchen, dem *Außer-sich-Sein*, eine Rückkehr zu einem inneren Halt ermöglicht.

Nun bedeuten Pubertät und Adoleszenz zunächst einmal, dass Orientierungen, innere Werte und Haltungen der Eltern über Bord geworfen werden müssen, um sie dann gegebenenfalls zusammen mit anderen – aus familienfremden Quellen – als geeignetes Identitätsinstrumentarium in sich wieder aufzunehmen. Das *innere Gelass* ist in der Pubertät zwangsläufig sehr brüchig, manchmal schon eingestürzt oder auch abgerissen, damit dann aus den einzelnen Bausteinen wieder ein neues Gelass erstellt werden kann. Pubertät als *De-Konstruktion*: aus alten Grundmaterialien eine neue eigene Konstruktion gestalten. Den identitätsstiftenden Eigen-Sinn nämlich.

Für den Jugendlichen bedeutet dies aber, dass er zeitweise kaum über eine eigene Orientierung zur Gelassenheit verfügt, sondern auf die Gelassenheit seiner Umgebung, insbesondere seiner Eltern, angewiesen ist, ebenso aber auch auf die seiner Lehrer bzw. anderweitigen Ausbilder. Zugleich ist die Pubertät eine Zeit, in der Neues gewagt werden kann, indem alte Orientierungen zunächst einmal über Bord geworfen werden. Pubertät ist so gesehen für Kinder und Eltern eine zweite Chance: schiefe und unpassende Konstruktionen können – um ein anderes Bild zu verwenden – noch einmal erhitzt und umgeschmiedet werden. Dass dies grundsätzlich möglich ist – auch nach der Pubertät –, ist Voraussetzung und Chance einer jeden Psychotherapie. Aus dieser Perspektive ist jede Erwachsenen-Therapie auch eine Art zeitversetzte Pubertätsphase. Und hierfür bedarf es seitens des Therapeuten sowohl des engagierten Interesses für seinen Patienten als auch der Fähigkeit, im Bedarfsfall zur eigenen Gelassenheit zurückzupendeln, wenn z.B. die negativen Affekte und entwertenden Äußerungen seitens des Patienten zu heftig aufkochen sollten.

Pubertät und Adoleszenz waren immer schon Zeiten der heftigen Gefühlsausbrüche und Gefühlsschwankungen. Goethes Werther war in seinem Leiden alles andere als gelassen. Auf das Himmelhochjauchzen folgte der Absturz in die Todesbetrübnis. Der junge Bach, der seine Eltern siezte und mit fünfzehn Jahren noch als Sopran im Chor von Sankt Michaelis in Lüneburg mitsang, konnte seine erwachsenen Mitsänger nach einer misslungenen Chorprobe – bei allem Respekt vor dem Alter – kräftig anschnauzen.

Als Johann Sebastian Bach im Alter von 18 Jahren als Organist nach Arnstadt kam, verwirrte er, so heißt es, die Gemeinde der Neuen Kirche durch kühnes Orgelspiel. Möglicherweise sind in dieser Zeit auch die Toccata und Fuge in d-moll entstanden. Die Toccata: eruptiv aufwühlend, kraftvoll, musikalische Individualität vermittelnd, kontraststark zu der darauffolgenden Fuge. Diese kommt eher spielerisch daher, ist aber an Spielregeln gebunden. Der emotionalen Expression in der Toccata folgte das gestaltgebundene Spiel der Fuge. Nach dem Vulkanausbruch die Hinwendung zu haltenden Strukturen.

Und eben diese Halt gebenden Strukturen in der Pubertät – zum Beispiel kontinuierliche familiäre und schulische Dialogbereitschaft, akzeptierende Wahrnehmung als Beziehungs-Fairplay – erscheinen heute dringender denn je. Denn Pubertät und Adoleszenz weisen in unserer soziokulturellen Gegenwart einige Fallstricke auf:

- Die körperlichen Veränderungen treten deutlich früher auf. Das kann allerdings von der seelischen Reifung nicht gesagt werden.

- Die äußere körperliche Erscheinung ist *das* entscheidende Kriterium der Wertschätzung in der *Gruppe der Gleichaltrigen* (peer-group) geworden und ist damit auch entscheidend für das Selbstwertgefühl. Jede Pubertät hat aber in der Selbstwahrnehmung eine Phase des „hässlichen jungen Entleins".

- Beruflicher Erfolg als das gesellschaftlich durchgängige Kriterium vom „Wert eines Menschen" kontrastiert mit den Entwertungserfahrungen bei erfolgloser Suche nach einem Ausbildungsplatz oder einem Arbeitsplatz z.B. nach abgeschlossenem Studium.

- Die kindlichen Identitätsvorläufer ähneln einem Flickenteppich, der aus den Erfahrungen mit wechselnd zusammengesetzten Herkunftsfamilien zusammengesetzt ist.

- Die Omnipotenz in den virtuellen Welten kontrastiert mit der Mühsal, in einer klassischen Lehre ein Werkstück manuell exakt zu bearbeiten.

- Die Erprobung der eigenen psycho-sexuellen Identität und Partnerfindung ereignet sich vor einem medialen Hintergrund, vor dem Liebe und Sexualität eine frühe Entzauberung erfahren, eher einem Aktienhandel ähneln oder auf eine „Chemie, die stimmen muss" reduziert werden. Nach wie vor gilt aber der Satz *Sigmund Freuds*, dass *wir nie verletzlicher sind, als wenn wir lieben* (oder zu lieben versuchen).

- Es ist die Zeit, in der sich erstmals Pubertätsmagersucht, Essstörungen sowie stoffgebundene Süchte zeigen, weiterhin Risikoverhalten, Neigung zu Krawallen, Gewalt und Suizid.

Die Gelassenheit der Eltern wird bei diesen Risiken auf eine harte Probe gestellt.

Aber auch schon der tägliche Kleinkrieg erfordert einiges.

Denn Pubertät heißt, um der eigenen Identität willen die Werte und Werthaltungen der Eltern grundsätzlich in Frage zu stellen, diese *ätzend* zu finden, im Zweifelsfalle die Abscheu vor die Füße zu kotzen – verbunden mit dem impliziten Anspruch „behaltet mich lieb". In der Pubertät gibt es den Eltern gegenüber wenig Fairplay und kaum Humor. Und im übrigen kann man die Eltern ständig nur zusammenstauchen, damit man sich mit diesen nicht bis auf die Knochen blamiert. Alternativ oder ergänzend hierzu werden Gegen-Eltern oder Idole gesucht, die selbstverständlich alles das können, wozu die eigenen Eltern nicht in der Lage sind.

Gelassenheit der Eltern sollte dann aber nicht heißen: „Ja, ja, lass mal, es werden schon wieder bessere Zeiten kommen …" Vielmehr werden Signale dieser Art erwartet: „Ich habe dein Unterscheidungsbedürfnis und deine Unterscheidbarkeit wahrgenommen, nehme sie auch ernst. Wir haben dich lieb, du gehörst weiterhin zu unserer Familie, bist aber vorrangig jetzt ein eigenständiges Individuum."

Bemerkenswert erscheint, dass trotz der strapaziösen Rahmenbedingungen die Pubertät noch einmal eine zweite Chance für eine produktive und intensive Begegnung ist, sofern der Gesprächsfaden – und sei er noch so dünn – zwischen Eltern und Kindern in den letzten acht bis zehn Jahren der Kindesentwicklung nicht abgerissen ist.

Reumütige Väter, die den Eindruck haben, die Zeit der frühen Begegnung mit den Kindern ihrer beruflichen Karriere geopfert zu haben, sind jetzt besonders angesprochen. Ihre Chance: in weltanschaulichen und politischen Diskussionen aufmerksam zuhören, dabei durchaus den eigenen Standpunkt (sanft) zu vertreten, aber nicht das letzte Wort haben müssen, gelegentlich auch einmal die Kunst, des *„Nicht-Recht-haben-Müssens"* üben, dabei auch erkennen lassen, dass für jede Weiterentwicklung die Kontroverse (nicht der Krieg!) notwendig ist.

Diese emotionale Sicherheit der Eltern ist umso wichtiger, als in der Pubertät und Adoleszenz ein eigener innerer sicherer Ort in die weiteste Ferne gerückt erscheint.

Johann Sebastian Bach selbst hat seine Eltern bereits im Kindesalter verloren und musste auch in seinem weiteren Leben viele schwere Schicksalsschläge hinnehmen, so auch den Tod mehrerer eigener Kinder. Emotionalität mit ihren Zerreißproben und Abgründen sind in seiner Musik gegenwärtig – aber verknüpft mit Wegweisungen zu einem sicheren Ort. Das Versprechen seiner Musik: Wir können solch einen Ort wiederfinden. Er ist mehr als ein Utopia (griechisch, u bedeutet „nicht", topos „Ort") oder „Nirgendland".

Immer mehr junge Menschen erleben sich derzeit in einer Verfasstheit, die das Eingangszitat von Houellebecq präzise wiedergibt. Zugleich zeigen sich aber auch immer mehr junge Menschen für das Versprechen Bachscher Musik empfänglich, erleben es in den emotionalen Gewittern der Pubertät und Adoleszenz als hilfreich und stabilisierend. Und auch für diejenigen, die nicht durch diese

Musik unmittelbar ansprechbar sind, gilt doch ebenso die Bachsche *Praxis*, nämlich, dass im aktiven schöpferischen Gestalten – gleich ob über den musikalischen, bildnerischen, sprachlichen Ausdruck, ob über Gedichte, Lieder, Tänze, prozessorientierte sportliche Aktivitäten – emotionale Erschütterungen gut aufgehoben sind. Im schöpferischen Gestalten wandelt sich das hilflos erleidende Objekt zum selbstgestaltenden Subjekt, das seinen eigenen emotionalen Ausbrüchen nicht mehr so hilflos ausgeliefert ist. Ich vermute, dass dies genauso auch für Michel Houellebecq gilt. In seinem Werk *Ausweitung der Kampfzone* mag das leidvolle Drama seiner eigenen Pubertät und Adoleszenz in ähnlicher Weise gut aufgehoben sein, wie 200 Jahre zuvor Goethes Adoleszentenkrise in den *Leiden des jungen Werther*.

Die spannungsvolle Polarität von emotionalem Ausbruch und Sehnsucht nach einem sicheren Ort begleitet die heute immer länger dauernde Lebensphase von der Frühpubertät bis zur Spätadoleszenz – die Zeit der Suche nach einer eigenen Identität. Und Identität ist die Antwort auf die immer schwierigere Frage: „Wer bin ich?"

Eine erste Teilantwort auf diese zunächst ungestellte Frage lieferte das elterliche Lächeln. Leider werden in unserer Gegenwart weitere Antworten auf diese Frage immer dürftiger, konzentrieren sich sehr oft nur auf den Aspekt „Was kannst du leisten, wozu bist du nütze ...?" Unbeschadet dessen hatte in den Jahren um die gerade zurückliegende Jahrhundertwende Identität allerorten Konjunktur. Eben weil so vieles unsicher geworden ist, kein *Knigge* uns mehr vorschreibt, wie wir uns alltäglich zu verhalten haben und kaum noch allgemeingültige Werte existieren, ist unsere Identität von der Geburt bis zum Tod eine permanente Umbaustelle. Wir ziehen nicht mehr wie früher nach der Adoleszenz in ein fertiges Haus. Und ein unfertiges „Identitäts-Haus“ vermittelt leider nicht mehr die Sicherheit, die noch vor fünfzig Jahren mit Identität verknüpft war. Allerdings – solch eine Konstruktion kann wiederum auch aktuellen Erfordernissen leichter angepasst werden. Man ist dann stets im Trend. Oder ein solches Gebäude kann problemlos ganz aufgegeben werden, wenn man sich bislang sowieso noch nicht verbindlich darin hatte einrichten können.

Wechselnde Inhalte und Strukturen von Identität wurden in der Mitte des zwanzigsten Jahrhunderts als missglückte Identitätsentwicklung, als *Identitätsdiffusion* gezeichnet. Hingegen wird die *sorgenfreie* oder *kulturell adaptive* Identitätsdiffusion als geglückter oder zumindestens geeigneter postmoderner Identitätszustand angesehen.

In eine ähnliche Richtung weist die Rede vom „Identitätssurfen“ auf dem schwankenden gesellschaftlichen Untergrund, das „wache, spielerische Hingleiten mit einer ständigen Positionskorrektur“.

Allerdings stellen diese ständig notwendigen Positionskorrekturen im Surfen für viele offensichtlich auch eine Überanstrengung und Überforderung dar. So könnte gefragt werden, ob z. B. das *Hyperaktivitäts- und Aufmerksamkeitsdefizit-Syndrom*, das jetzt zunehmend nicht nur bei Kindern, sondern auch bei Erwachsenen diagnostiziert wird, nicht auch etwas mit diesem Identitätszustand zu tun haben könnte. „Die subjektive Zeit ist verkürzt auf die Gegenwart. Zukunft ist nicht präsent als Hoffnung, sondern als Gefährdung. In ihr wird sich entscheiden, ob im Heute das richtige, Festlegungen vermieden habende Leben gelebt worden sein wird.“

Kurz: das Leben ist eine große Börse. Stets auf dem Sprung sein, rechtzeitig kaufen und verkaufen, wissen, welche Werte gehalten werden müssen, um die große Pleite zu vermeiden. Als Grundlage von Gelassenheit taugt dies jedoch kaum. Und es geht augenscheinlich auch nicht ohne eine Identität, bzw. zumindestens eine Option darauf im Sinne einer durchgängig erzählbaren Lebensgeschichte mit unterschiedlichen Kapiteln. Das Bedürfnis nach Identität, das sowohl das Bedürfnis nach Unterscheidbarkeit als auch Dazugehörigkeit mit einschließt, wird sehr schön deutlich, wenn Grundschulkinder ihre von ihnen angefertigten Bilder zeigen. Jedes Kind möchte sich in seiner bildnerischen Produktion von den anderen unterscheidbar wahrgenommen wissen, zugleich aber auch sein Bild in dem Ensemble der auf dem Flur aufgehängten Bilder der Klasse mit untergebracht sehen. (E. u. H. Schiffer, 2004). Ohne durchgängig erzählbare Lebensgeschichte und die dazugehörigen implizit-prozeduralen Erfahrungen erscheint die Gesundheit eher gefährdet. Eben weil eine halbwegs sichere Identität mit ein Kohärenzgefühl begründet.

Kompetenzerfahrung und Identität

Mein Patient Kevin hatte Halt und Bestätigung und, wenn man so will, auch eine „Struktur" und Identität in einer Gruppe Jugendlicher gesucht, die sich das Geld für ihren Drogenkonsum über Autoaufbrüche beschaffte.

Die Drogen brauchte er, um die innere Stimme, die ihm ständig zuflüsterte: „Du bist sowieso nur Sch …" zu betäuben. Bestätigung, Halt und Wahrnehmung fand er bei seinen Kumpels, vor denen er sich mit besonders gewagten Einbrüchen hervortat. Diese destruktiven Aktionen waren wie der Drogenkonsum verzweifelte Versuche gegen das Verzweifeln.

Sein Jugendrichter verdonnerte ihn zu einer Therapie.

Auf die Frage, was er denn über einen stationären Aufenthalt für sich erreichen möchte, antwortet Kevin sehr unbestimmt: „Irgendwie besser klarkommen (…) – weiß nicht, keine Ahnung (…)“ „Auch ohne Drogen?“ – so unsere Nachfrage. Kevin nickt.

Wir stellen Kevin unser Konzept vor: Es handele sich bei uns um so eine Art Pfadfinderlager, in dem er sich mit Karten-, Sternen- und Kompasskunde beschäftigen könne. Seinen Weg suchen und laufen müsse er schon selber, tragen könnten wir ihn leider nicht. Wir würden ihn aber auf seinen Wegen begleiten. Wir erwarteten von ihm, dass er sich regelmäßig und pünktlich bei allen Aktivitäten einfinde und auch so unbehagliche Dinge wie Frühsport und morgendliche Wechselgüsse akzeptiere. Es gebe aber auch Aktivitäten, die ihm möglicherweise mehr Freude bereiteten wie z.B. das Floßfahren, die Reittherapie oder die Arbeit auf dem Bauernhof.

Kevin lässt sich auf den Vertrag ein. Zunächst zieht er einen Flunsch, als es die ersten Male auf den Bauernhof geht, dann zeigt er sich immer begeisterter.

Unser Teammitglied Christian, der die Arbeitstherapie auf dem Bauernhof betreut, arbeitet mit Kevin zusammen: Mit dem Frontlader des Treckers werden sie in die Bäume gehievt, um mit Motorsägen die Äste auszulichten. Zusammen misten sie den Kuhstall aus. Gemeinsam werden mit anderen Patienten Gemüsebeete angelegt, die Tiere gefüttert und vieles mehr. Bald darf Kevin auch den großen Trecker fahren. Gemeinsam trifft sich die ganze Mannschaft mit dem Jungbauern in der Diele – in der zum Herbst und im Winter das Kaminfeuer brennt – zum Frühstück. Kevin erlebt sich in der Gemeinschaft getragen. Es macht ihm immer mehr Freude, auch das auszuprobieren, was anstrengend ist, was stinkt oder ihn schwitzen lässt. Und Kevin lässt sich auch leichter in ein Gespräch einbinden. Er traut sich die Kompetenz zum Nachdenken zu, und zeigt sich immer häufiger als zugänglicher Mensch, der sogar lachen kann. Mehrere Wochen lebt er in einem zweiten Therapieabschnitt ganztägig auf dem Bauernhof, um nur noch zu den Einzelgesprächen und verschiedenen Gruppenaktivitäten sowie den Hauptmahlzeiten mit dem Fahrrad ins Krankenhaus zu kommen.

Kevin hat nach seinen eigenen Worten „die Kurve gekriegt“ und so auch seinen Alltag einschließlich Lehre meistern können – ohne Schuleschwänzen und neuerlichen Haschischkonsum.

In der haltgebenden Therapie hatte Kevin die destruktiven, selbstentwertenden Verinnerlichungen aus den Begegnungen in seinem familiären und schulisch-beruflichen Umfeld über Bord werfen und durch die neuen Erfahrungen eigener Kompetenz in einem guten Sinne ersetzen können. Ein erster Schritt von der Demoralisierung und Verzweiflung zu einer inneren Sicherheit, die später dann auch Gelassenheit ermöglicht.

Kevins Weg aus der chemisch erzwungenen Gelassenheit, genauer: Drogen induzierten Lethargie, konfrontierte ihn zunächst „ungedämpft“ mit seiner Verzweiflung und seiner Unfähigkeit, Enttäuschungen und Spannungen ertragen zu können. Die sanfteste Kritik ließ seine destruktiven Selbstwertzweifel hochkochen, aktivierte immer wieder den Impuls, alles hinzuschmeißen. Umso wichtiger war in dieser Phase der Halt und die geduldige Begleitung. Aber auch seine therapeutischen Begleiter bedurften oftmals in den Teamsitzungen Rückhalt und Ermutigung, um gelassen bleiben zu können.

Schon eine „unkomplizierte" Pubertät ohne Suchterscheinungen – wie zum Beispiel Drogenmissbrauch oder Magersucht – ist für Eltern schwierig genug, lässt es diesen schwer werden, dialogisch nach heftigen Konflikten zur Gelassenheit zurückschwingen zu können. Sobald aber Suchterscheinungen sich zeigen, sind die Eltern alleine überfordert, bedürfen dann selbst einer haltgebenden Begleitung, um nicht zu verzweifeln. Diese haltgebende Begleitung können mitunter Freunde vermitteln, oftmals wird allerdings eine professionelle therapeutische Begleitung z.B. über eine Beratungsstelle am sinnvollsten sein.

Kapitel V

Gelassenheit und Kohärenzgefühl

„Die salutogenetische Orientierung führt uns bei dem Versuch der Ortsbestimmung einer Person auf dem Gesundheits-Krankheits-Kontinuum zu dem, was wir ‚die Geschichte' einer Person nennen. Die Geschichte einer Person umfasst nicht nur die Risikofaktoren in ihrem Leben, sondern auch Faktoren, für die wir noch nicht einmal Namen haben, da wir so selten nach ihnen suchen. Im pathogenetischen Modell können wir die Abwesenheit von Risikofaktoren feststellen (...). Aber solange wir nicht salutogenetisch orientiert sind, suchen wir nicht nach den Faktoren, die aktiv für eine Bewegung in Richtung auf den Gesundheitspol des Kontinuums verantwortlich sind."

Aaron Antonovsky

Im Unterschied zu Kevin brachte die Pubertät für Richard zunächst keine Identitätskrise. Diese erfasste ihn mit Macht erst dreißig Jahre später.

Richard war in seiner Kindheit und Jugend vom Leben nicht unbedingt verwöhnt worden. Beide Eltern rackerten sich für ihn und seine fünf jüngeren Geschwister ab, klaglos. Dennoch reichte es nur für das Nötigste des täglichen Lebens. Schwer traf die Familie die Erkrankung des zweitjüngsten Kindes, das bald an den Rollstuhl gefesselt war und ständiger Pflege bedurfte. Früh musste Richard mithelfen. Pflicht war für ihn kein besonderer Begriff, sondern sein Leben. Freizeit und Spiel hatten darin kaum Platz. Eigen-Sinn konnte nicht erprobt werden. Das Gleiche galt für seine Pubertät im Sinne einer identitätsstiftenden Aufsässigkeit. –

Nach der Volksschule macht er eine Tischlerlehre mit Abschluss. Wenige Jahre später wechselt er vom Lehrbetrieb in eine andere Werkstatt, bleibt aber immer noch in der Nähe der elterlichen Wohnung. Nebenher absolviert er die Weiterbildung zum Meister. Einige Zeit nach der Meisterprüfung gründet er eine eigene kleine Möbeltischlerei, mit der er wirtschaftlich sehr erfolgreich ist. So kann er auch noch seine jüngeren Geschwister in deren Ausbildung unterstützen sowie die Eltern in der Pflege ihres erkrankten Kindes, das jedoch bald darauf stirbt. Neben seiner Möbeltischlerei eröffnet Richard einen eigenen Möbelladen. Aufgrund seiner Freundlichkeit, Hilfsbereitschaft und Zuverlässigkeit ist er auch mit seinem Möbelladen wirtschaftlich erfolgreich. Er hat in seiner Werkstatt und in seinem Laden auch einige Mitarbeiter. Zeit für eine Partnerschaft hatte er bislang nicht gehabt, nur einige flüchtige Bekanntschaften.

Per Annonce lernt er seine spätere Frau kennen. Er ist von Anfang an von ihr – trotz des nicht mehr ganz jugendlichen Alters – fasziniert. Warum, weiß er, wie es halt oft so ist, zunächst nicht. Erst später zeigt sich, dass sie möglicherweise genau das verkörperte, was für ihn sein Leben lang nicht zulässig war: Ein verschwenderischer Umgang mit materiellen Ressourcen, Sponaneität,

Leichtlebigkeit sowie das unstillbare Bedürfnis, sich verwöhnen zu lassen. Geradezu tragisch war, dass Richard seine Frau mit den finanziellen Angelegenheiten seines Betriebes sowie mit dem Einkauf von Möbeln und Materialien betraut hatte. Zu spät bemerkte er, dass seine Frau eben nicht pflichtbewusst mit den Geldern umgegangen war, sondern sie in innerhalb kürzester Zeit für Luxus, teure Kleidung, Besuch von Spielkasinos und die Begleichung alter Schulden verwendet hatte. An dem Tag, an dem er sich auf den Weg machte, seinen Konkurs anzumelden, erlitt er, 46 Jahre alt, einen Herzinfarkt.

Sein Dilemma: Dass er seine Frau, die sich aus dem Staube gemacht hatte, immer noch liebte.

Sein Glück: Dass sich die Geschichte vor einigen Jahren zugetragen hat, und er trotz seiner gesundheitlichen Einschränkungen noch einen geeigneten Arbeitsplatz fand.

Über Sprache war Richard in der Therapie zunächst kaum zu erreichen. Im Vordergrund standen seine Selbstvorwürfe, seine Verzweiflung, so dass wir uns auch Sorgen machten, er könne sich suizidieren. Was ihn weiter brachte, war das schöpferische Gestalten mit Holz – in diesem Medium war er zu Hause. Er brachte zu dem Gespräch eine selbstangefertigte Marionette mit, mit der er fast gedankenverloren spielte. Fast beiläufig sagte er dann: „Ich glaube, ich habe auch viel zu sehr wie eine Marionette gelebt, vielleicht hatte ich ja irgendwie Hoffnung, dass mich meine Frau davon befreien könnte … Aber sie ist wohl selber auch so eine Marionette wie ich es bin …"

An dieser Stelle zeigten sich bei ihm erstmals Tränen als Beginn einer sehr langen Trauer über ein nur bruchstückhaft eigenmotiviert gelebtes Leben.

Richard gelangte über einen mühevollen und teilweise auch tränenreichen dialogisch-therapeutischen Weg zu einer Sicht, die ihm einen Lebenssinn trotz des Konkurses und seines Herzinfarktes ermöglichte. Entscheidend war, dass er sich auf diesem zunächst so ungewohnten und unbekannten Weg in seiner dialogischen Eigen-Darstellung wahrgenommen und anerkannt fühlte. Dieser Weg, den er zunächst vorwiegend aus einem Pflichtgefühl heraus ging, wurde für ihn immer mehr zu einer spannenden Erfahrung. Jenseits seines Pflichtgefühles entdeckte er seine spontane Zuneigung zu seinen Geschwistern, jenseits des Erfolgsstrebens sein Talent und seine Freude am schöpferischen Gestalten.

Erfüllung fand er seinen eigenen Worten nach in seiner neuen beruflichen Tätigkeit als Leiter einer Werkstatt für Behinderte. Seit diesem Zeitpunkt konnte er sich den Themen Konkurs, gescheiterte Partnerschaft und Herzinfarkt mit zunehmender Gelassenheit nähern. So war es ihm dann späterhin – geraume Zeit nach dem Abschluss der Therapie – auch möglich, eine neue Partnerschaft zu „riskieren". In dieser fühlte er sich angenommen, seinen eigenen Worten nach beschenkt und nicht ausgeplündert.

Und noch etwas erlebte er als neu: Nämlich, dass er Geschenke mit Freude annehmen konnte.

Spiel und Dialog stärken Identität und Kohärenzgefühl

Die beiden sehr unterschiedlichen Geschichten von Kevin und Richard haben gemeinsam, dass die Veränderungsprozesse sich in den Intermediärräumen des schöpferischen Gestaltens und des Dialoges ereigneten.

Hierüber wurden sowohl die Identität als auch das *Kohärenzgefühl* gestärkt. Beide zusammen ermöglichen Gelassenheit.

Kohärenz bedeutet soviel wie Zusammenhang, Zusammenhalt und auch inneren wie äußeren Halt haben. Dem Kohärenzgefühl kommt in dem *Modell zur Gesundheitsentstehung* von Aaron Antonovsky eine besondere Bedeutung zu: es stellt die Grundlage von körperlicher und seelischer Gesundheit dar.

In unserem Zusammenhang interessiert uns darüber hinaus aber noch, inwieweit das Kohärenzgefühl mit zur Gelassenheit gehört.

In dem folgenden Textausschnitt aus dem Brief, den *Dietrich Bonhoeffer* Weihnachten 1943 aus dem Gefängnis in Tegel an seine Eltern geschrieben hat, wird das, was mit dem Kohärenzgefühl als Grundlage von Gelassenheit gemeint ist, besonders deutlich:

„Ich brauche Euch nicht zu sagen, wie groß meine Sehnsucht nach Freiheit und nach Euch allen ist. Aber Ihr habt uns durch Jahrzehnte hindurch so unvergleichlich schöne Weihnachten bereitet, dass die dankbare Erinnerung daran stark genug ist, um auch ein dunkleres Weihnachten zu überstrahlen. In solchen Zeiten erweist es sich eigentlich erst, was es bedeutet, eine Vergangenheit und ein inneres Erbe zu besitzen, das von dem Wandel der Zeiten und Zufälle unabhängig ist. (...) Ich glaube, wer sich im Besitze solcher Kraftreserven weiß, braucht sich auch weicherer Gefühle, die meiner Meinung nach doch zu den besseren und edleren der Menschen gehören, nicht zu schämen, wenn die Erinnerung an eine gute und reiche Vergangenheit sie hervorruft. Überwältigen werden sie denjenigen nicht, der an den Werten festhält, die ihm kein Mensch nehmen kann."

In dem Text ist die Rede von einem inneren sicheren Ort – den wir schon kennen – wie auch von Kraftreserven. Antonovsky spricht von *Ressourcen* (Kraftquellen), die dem Menschen helfen, sich getragen, gehalten und auch innerlich zusammengehalten zu wissen. Diese Ressourcen ermöglichen das Kohärenzgefühl, das dem Menschen hilft, Belastungen besser zu überstehen und auch unter Stress gesund zu bleiben, bzw. bei Erkrankung schneller wieder gesund zu werden. In dem Modell zur *Salutogenese* (Gesundheitsentstehung) können sich diese Kraftquellen in jeder Lebensphase sowohl von innen her als auch von außen einspeisen. Letzteres z. B. durch hilfsbereite Eltern, Freunde, Nachbarn oder unterstützende soziale Institutionen. Hierin unterscheidet sich das Kohärenzgefühl von einer halbwegs sicheren Identität, die wir in unserer soziokulturellen Gegenwart ungefähr mit Ende des zweiten Lebensjahrzehntes aus unserem „Eigen-Sinn" abzuleiten beginnen. Allerdings bedarf auch diese einer kontinuierlichen Reflexion im Sinne von „Identitätsarbeit". Damit ist gemeint, dass Gegenwart und Vergangenheit zu einer durchgängigen Lebensgeschichte verknüpft werden, die in die Zukunft hinein weiter gedacht werden kann.

Eine sichere Identität und ein starkes Kohärenzgefühl sind wesentliche Teilelemente der Gelassenheit. Beide entfalten sich insbesondere aus positiven Erfahrungen in Intermediärräumen heraus. Folgende kleine Skizze soll den Zusammenhang verdeutlichen:

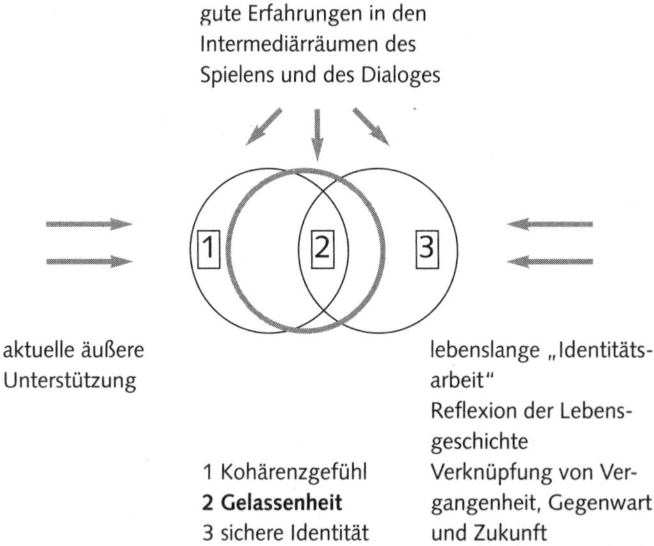

Kohärenzgefühl und Gelassenheit haben, wie die Skizze zeigt, ein großes Überschneidungsfeld. Dies gilt sowohl für deren Entstehung als auch deren Auswirkung auf die seelische und körperliche Verfasstheit des Menschen. Es zeigt sich bei dem Kohärenzgefühl wie bei der Gelassenheit, dass ursprünglich äußere Ressourcen, die gute Erfahrungen ermöglichten, mit der Zeit verinnerlicht werden:

Sie erinnern sich? Wohlig sich räkelnd im Bett liegen, aller Pflichten ledig einschließlich der Hausaufgaben. Von Mutter umsorgt. Zwieback (na ja), Lindenblütentee mit Honig und zusätzlich etwas vorgelesen bekommen. Ganz schön gemütlich, so eine Grippe. Oder anders ausgedrückt: viele gesunde Kräfte in uns und um uns herum, die uns sicher sein lassen, der Krankheit nicht allein hilflos ausgeliefert zu sein.

Der Medizinsoziologe Aaron Antonovsky (1923 bis 1994) nennt diese hilfreichen Voraussetzungen *heilsame Ressourcen*, also „Hilfsquellen". Diese gesund erhaltenden oder gesundmachenden „Hilfsquellen" – in unserem Beispiel die liebevolle Fürsorge, die Geborgenheit, das Vorlesen und die daraus resultierende Beweglichkeit in der Fantasie – unterscheidet er von krankmachenden (pathogenen) Faktoren. Antonovsky kritisiert das herkömmliche Denken der Medizin. Seiner Meinung nach ist diese nur daran interessiert, wie krankmachende, das heißt pathogene Faktoren vermieden oder bekämpft werden können. An den gesundheitsförderlichen oder, in der Fachsprache ausgedrückt, an *salutogenetischen Kräften* orientieren sich die Ärzte nicht. Für Antonovsky ist es aber wichtig, beides zu sehen: Das, was krank, und das, was gesund macht oder gesund erhält.

Äußere Ressourcen werden durch Erfahrungen verinnerlicht

Bleiben wir bei dem obigen Beispiel. Für den Gesundungsprozess von Kindern ist es wichtig, dass sie sich umsorgt wissen, sich nicht alleine fühlen und dass sie Zuwendung erhalten. Entlang der vorgelesenen Geschichte bewegen sie sich in ihrer Phantasie. Sie gehen auf eine Reise, auch wenn ihre Beine noch zu schwach sind, längere Strecken zu gehen. Über die Reise in der Phantasie fangen Kinder an zu träumen, um nach Stunden zwar noch matt und verschwitzt, aber ein bisschen gesünder zu erwachen. All dies sind innere und äußere gesundheitsfördernde Faktoren. Zu den äußeren gehören Zwieback und Lindenblütentee, die fürsorgliche Zuwendung, die

Ruhe. Innere Ressourcen sind beispielsweise die Sicherheit, sich versorgt zu wissen und die Beweglichkeit in der Phantasie.

Wenn wir an das schreckliche Gegenteil dessen denken, dann sehen wir ein Kind aus einem der vielen Krisengebiete unserer Welt bestenfalls auf einem Feldbett oder einer Pritsche liegend in einem großen Zelt mit vielen anderen Kranken. Ruhe gibt es neben den vielen anderen kranken Menschen kaum. Drei- oder höchstens viermal am Tag kommt jemand, um das Kind freundlich zu versorgen. Aber diese Fürsorge muss gleich auch schon wieder mit den anderen Kranken nebenan geteilt werden. Die Ansprache ist nur kurz und es gibt auch keine gemeinsamen Reisen in der Phantasie. Sind derartige Erfahrungen prägend in der Lebensgeschichte des Kindes, dann fehlt späterhin als innere Ressource auch die Gewissheit: Bald wird wieder jemand kommen, freundlich zu mir sein, mir etwas zu trinken geben, wenn ich Durst habe und mein zerwühltes Bett aufschütteln.

Wir spüren sehr schnell: ein solches Kind wird, wenn überhaupt, nicht so rasch wieder gesund. Was ihm dazu fehlt, ist ein ausreichend starkes Kohärenzgefühl.

Wenn Antonovsky zwischen *inneren* und *äußeren* Widerstandsressourcen unterscheidet, so ist anzumerken, dass einige äußere Ressourcen im Laufe des Lebens verinnerlicht werden. Die innere Hilfsquelle „Sicherheit" beispielsweise, die ein Kind wissen lässt, dass Mutter oder Vater nach ihm schauen, setzt entsprechende Vorerfahrungen voraus. Mit einer vorgelesenen Geschichte etwas anfangen zu können, ist davon abhängig, ob Kinder sich im Zuhören üben konnten und die Möglichkeit hatten, ihren inneren Bildern freien Lauf zu lassen. Kinder üben sich auch im Zuhören, indem sie selber erzählen können und ihnen selbst dabei gut zugehört wird.

Über den Dialog als äußere Ressource entfaltet sich die Dialog*fähigkeit* auch als innere Ressource. Kinder wissen sich darüber eher verstanden, nicht allein, weniger ohnmächtig und geängstigt, „weniger gestresst". Sie können in der Krankheit gelassen bleiben. Und der Dialog hilft, schneller wieder gesund zu werden, beziehungsweise unter Belastungen eher gesund zu bleiben.

Voraussetzung dafür ist jedoch, dass Kindern allgemein im Dialog gut zugehört wird, dass wir ihnen gegenüber Interesse zeigen, dass wir auch innerlich dabei sind. Und wir hören als Erwachsene gut zu, indem wir zu dem, was unsere Kinder uns erzählen, *eigene* innere Bilder entwickeln. Mit diesen inneren Bildern nehmen wir sehr intensiv an der Erlebniswelt unserer Kinder teil. Wenn Kinder dann schon früh erleben, dass sich jemand wirklich für sie interessiert, werden sie auf Dauer sich selbst und ihr Handeln schätzen, ihr Leben als sinnvoll empfinden und Mut entwickeln, sich Aufgaben und Schwierigkeiten zu stellen. Kurz: sie werden ein starkes Kohärenzgefühl entfalten.

Das Kohärenzgefühl und der damit einhergehende Kohärenzsinn sind also entscheidend für die Gesundheit eines Menschen. Sie setzen sich aus den drei Komponenten *Sinnhaftigkeit* des eigenen Lebens sowie *Verstehbarkeit* und *Handhabbarkeit* der äußeren Welt zusammen.

In dem Salutogenesemodell Antonovskys stellt Sinnhaftigkeit die bedeutendste Teilkomponente des so genannten *sense of coherence* dar.

Der englische Begriff sense of coherence muss, wenn seine Bedeutung vollständig erfasst werden soll, zeitgleich mit zwei verschiedenen, einander ergänzenden deutschen

Begriffen übersetzt werden, nämlich Kohärenz*gefühl* und Kohärenz*sinn*.

Das Kohärenz*gefühl* meint eine Grundstimmung oder Grundsicherheit, innerlich Halt zu haben, zusammengehalten zu werden, nicht zu zerbrechen und gleichzeitig auch äußerlich Unterstützung und Halt zu finden. Der Kohärenz*sinn* beschreibt eine mit diesem Gefühl einhergehende und an gedankliche Aktivität geknüpfte Weltsicht:

Meine Welt ist verständlich, stimmig, geordnet; auch Probleme und Belastungen, die ich erlebe, kann ich in einem größeren Zusammenhang begreifen (Verstehbarkeit). Das Leben stellt mir Aufgaben, die ich lösen kann. Ich verfüge auch über innere und äußere Ressourcen, die ich, um mein Leben zu meistern, einsetzen kann (Handhabbarkeit). Für meine Lebensführung ist Anstrengung sinnvoll. Es gibt Ziele und Projekte, für die es sich zu engagieren lohnt (Sinndimension).

Im Unterschied zur Einzelkämpferideologie in der Konkurrenzmentalität der Industriekulturen betont Antonovsky, dass es für das Kohärenzgefühl wichtig sei, auch äußere Anbindungen zu haben: in der Familie, im Freundeskreis, in der Nachbarschaft, in der Gemeinde, in der Gruppe mit Gleichaltrigen. Das Kohärenzgefühl entscheidet darüber, ob Kinder späterhin äußere Belastungen als bedrohlichen Stress, als nervend, ermüdend, überflüssig und ärgerlich oder als Herausforderung ansehen, die sie durchstehen oder meistern können.

Die Lebenserfahrungen besonders in der Kindheit formen das Kohärenzgefühl. Stehen in dieser Zeit viele innere Ressourcen (z.B. Begabungen, die sich im Spiel entfalten können) oder bereits verinnerlichte äußere Ressourcen (z.B. Eltern, Freunde, Paten, die zuhören können) zur Verfügung, entwickelt sich daraus ein starkes

Kohärenzgefühl. Über dieses können dann wiederum im Bedarfsfall die vorhandenen Ressourcen in geeigneter Weise mobilisiert werden. Das Kohärenzgefühl selbst ist für Antonovsky keine Ressource, sondern ein innerer „Organisator" der Ressourcen. Wenn man so will, „erinnert" uns das Kohärenzgefühl daran, dass wir erstens motiviert und zweitens nicht hilflos sind, sondern über viele innere und äußere Ressourcen verfügen können. Es gilt hier eine Art Rückkopplungsprinzip: innere und äußere Ressourcen lassen ein starkes Kohärenzgefühl entstehen, dies wiederum motiviert uns im Bedarfsfall, diese Ressourcen auch einzusetzen und uns nicht im Mauseloch zu verkriechen.

Spiel und Dialog eröffnen Räume, in denen innere und äußere Ressourcen für ein starkes Kohärenzgefühl dem Kind optimal zugänglich sind. Spiel und Dialog als salutogenetische Schatzsuche! Die Intermediärräume des Spielens und des Dialoges, in denen sich das Kohärenzgefühl entfalten kann, sind weitgehend identisch mit den Räumen, in denen auch Gelassenheit entsteht. Sie ermöglichen basale Erfahrungen der Sicherheit, Sinnhaftigkeit und Geborgenheit. Und sie sind auch weitgehend mit den *Nebenwelten* identisch, die sich mitten im funktionsorientierten Alltagsgeschehen – zum Beispiel beim Lachen oder Singen – eröffnen.

Sowohl Kohärenzgefühl als auch Gelassenheit bewirken, dass wir nach einer Belastung wieder zu unserer Mitte zurückschwingen können, nicht in Gefühlsstürmen, Verzweiflung oder Groll untergehen. Man könnte auch sagen, dass eine lebensbejahende Gelassenheit, d.h. eine „echte" Gelassenheit, die nicht mit einer Gefühlsunterdrückung einhergeht, einen Teilaspekt des Kohärenzgefühles ausmacht.

Das Kohärenzgefühl ist also mit dem Empfinden einer lebensbejahenden, positiven Gelassenheit eng verknüpft. Auf körperlicher Ebene geht dieser Gefühlskomplex mit einer deutlich verminderten durchschnittlichen *Cortisolausschüttung* einher. Zugleich ist die *Gerinnungstendenz des Blutes* nicht verstärkt wie sonst unter Dauerstress. Das hat zunächst damit etwas zu tun, dass unsere Vorfahren auf einen – meist eher kürzer andauernden – Stress mit Kampf oder Flucht reagierten. Dazu brauchten sie eine erhöhte Blutgerinnung, um bei Verwundungen nicht zu schnell zu verbluten. Eine *dauerhaft* erhöhte Blutgerinnung begünstigt aber Thrombosen und Herzinfarkte.

Das Cortisol diente dazu, den Organismus nach einer heftigen Kampf- oder Fluchtreaktion wieder „herunterzuregeln“. Stress als Dauerzustand ohne körperliche Erschöpfung – wie es heutzutage ja zumeist der Fall ist – führt aber über eine dauerhaft erhöhte Cortisolausschüttung zur *Deaktivierung von Zellfunktionen* zum Beispiel im Gehirn und auch im Immunsystem. Ebenso wird auch der Vernarbungsprozess von Wunden gebremst. Im Gehirn haben deaktivierte Zellfunktionen nicht nur verlangsamte Lernprozesse zur Folge sondern auch einen schnelleren Hirnabbau. Und ein gebremstes Immunsystem hat häufigere Infekte und Krebserkrankungen zur Folge.

Wenn wir aber in einer stabilen positiven Grundverfassung sind – und das meinen ja die Begriffe Kohärenzgefühl oder Gelassenheit – dann bringt uns Stress nicht so schnell aus dem Gleichgewicht, beziehungsweise kehren wir schneller zu unserer Mittellage zurück. Und dies bewirkt eben, dass eine dauerhaft erhöhte Cortisolausschüttung mit einer Deaktivierung des Immunsystems sowie eine verstärkte Blutgerinnungstendenz verhindert werden. Das heißt aber nicht, dass wir nicht zornig sein sollen oder können, nicht mal schreien oder toben oder auch verzweifelt sein sollten. Entscheidend ist, dass wir wieder zu unserer Mitte zurückschwingen können und überschwappende Gefühle wie Zorn und Verzweiflung nicht zum Dauerzustand werden.

Alles andere wäre ein Zwangskorsett. Und genau das könnte dann dazu führen, dass Gefühle unterdrückt und damit nicht verarbeitet werden. Die Folge wäre dann ein permanenter innerer Stress, obschon die Betreffenden häufiger selber meinen, innerlich ganz ruhig zu sein.

Kohärenzgefühl meint ja gerade auch einen Zusammenhalt von innen her. Ist dieser Zusammenhalt vorhanden, bedarf es keines Korsetts, um bei heftigen Gefühlen nicht auseinander zu brechen. Hilfreich ist dabei selbstverständlich immer, wenn wir jemanden haben, mit dem wir über unsere Gefühle sprechen können.

Das Gleiche gilt natürlich auch für die Leidenschaft sofern sie nicht zu blind macht und nur destruktives Leiden schafft. Deren Aufsässigkeit bedürfen wir nicht nur literarisch-stellvertretend, sonder auch real als Moment gegen wohltemperierte gesellschaftliche Erstarrung.

Und: Herzen, deren Schlagfrequenz unter emotionaler Einwirkung sich nur geringfügig verändert, haben eine kürzere Lebensdauer, als die, die darunter hüpfen, tanzen, jagen, springen …

Im Folgenden werden wir uns noch mit weiteren Alltagsereignissen beschäftigen, die das Kohärenzgefühl und die Identität stärken und dadurch eine lebensbejahende Gelassenheit fördern können. Danach werden wir uns der Frage zuwenden, wie es sich mit der Gelassenheit angesichts des Todes verhält. Spätestens dann wird deutlich werden, dass nicht nur entwicklungspsychologische, soziale und biologische Faktoren für unser Thema bedeutsam sind. Auch wirtschaftliche, kulturelle, politisch-weltanschauliche und religiös-philosophische Fragestellungen sind zu berücksichtigen. Diese haben wir bislang eher außer Betracht gelassen. Sie sind aber allein schon im Hinblick auf die soziale und politische Perspektive entscheidend, die sich jungen Eltern bietet und aus der sich die Verfasstheit ableitet, mit der sie ihre Kinder anlächeln können – oder auch nicht.

Zunächst geht es aber noch einmal um das Singen und das Erzählen und Zuhören, d.h. um die dialogischen Intermediärräume des Alltagsgeschehens, aus denen heraus Kohärenzgefühl und Identität für eine lebensbejahende Gelassenheit gefördert werden können.

Kapitel VI

Beim Geschichtenerzählen den eigenen Sinn entdecken

„Lieber Herr Doktor ...,
wie vereinbart melde ich mich, um Ihnen mitzuteilen, wie es mir geht (...) Trotz der Schwierigkeiten, die ich immer noch mit meinem Mann habe, kann ich diesem gegenüber jetzt gelassen bleiben, ich kann von dem, was mich an ihm ärgert, innerlich leichter abrücken. Als besonders hilfreich und schön habe ich übrigens noch die Abende in Erinnerung, an denen auf der Station etwas vorgelesen wurde. Das hatte auf die Stimmung einen unwahrscheinlich guten Einfluss, ich selber kam auch viel besser aus den Grübeleien heraus.
Mit besten Grüßen

Ihre Luise K."

Bereits drei- bis vierjährige Kinder suchen nach Erklärungen, wenn sie etwas Ungewöhnliches erleben oder davon hören. Und als Erklärungen reichen dann auch (selbst) erfundene Geschichten aus. Es besteht offensichtlich schon früh das Bedürfnis, eine Brücke zwischen dem außergewöhnlichen Ereignis und dem normalen Alltagsgeschehen herzustellen. Was nun unsere normale Alltagswelt ausmacht, ist soziokulturell bestimmt. Kinder mögen zwar von Gesellschaft und Kultur noch keinen Begriff haben. Aber sie wissen ziemlich genau, was eine Abweichung ist und sind an Geschichten interessiert, die das Abweichende erklären. Erst dann sind sie zufrieden, das heißt, erst dann haben sie ihren inneren Frieden.

In den eintausendeins Nächten, in denen Schehersad, die Tochter des Veziers, dem rachsüchtigen, in seinem männlichen Selbstwertgefühl zutiefst gekränkten Sultan Scheherban ihre Geschichten erzählt, geht von diesem Erzählen offensichtlich auch eine „gelassenheitsstiftende Wirkung" aus. Zwar wird nicht die Geschichte von der Demütigung des Sultans selbst thematisiert. Das wäre zu heiß, zu gefährlich gewesen. Aber in immer neuen Märchen wird das Außergewöhnliche – im Hinblick auf die außergewöhnliche Kränkung, die der Sultan erlitten hat – mit dem nachvollziehbar Regelhaften in Verbindung gebracht. Kränkungen, Brüche und Gefährdungen der Identität werden in der „Alltagspsychologie" der erzählten Geschichten in einen verstehbaren Sinnzusammenhang eingebunden. Die persönliche Kränkung wird dadurch gemildert. Der Sultan kann den Schock seines Lebens, den er durch die Untreue seiner Ehefrau erlitten hat, allmählich überwinden. Zudem lassen die Geschichten sowohl bei der Erzählerin wie bei ihrem Zuhörer zeitgleich ähnliche innere Bilder in der Phantasie entstehen. In deren Folge auf Dauer vielleicht auch ähnliche Stimmungen ... Beide wären dann aufeinander eingestimmt. Zumindest stellen die ähnlichen inneren Bilder eine Beziehungs(hilfs)brücke zwischen Erzählerin und Zuhörer dar. Und zugleich auch *innerseelisch* jeweils eine Brücke zwischen Gefühl und Sprache. Über innere Bilder können die Gefühle wie über eine Brücke, die die Ufer eines Flusses verbindet, zur Sprache kommen. Ob die Gefühle dann sofort mitgeteilt werden, ist noch eine andere Sache, aber zumindest ist jetzt die Möglichkeit gegeben, die Gefühle in einem Sinnzusammenhang auszusprechen, dem Gegenüber mitzuteilen, verstehbar werden zu lassen. Wenn Zorn und Eifersucht zur Sprache kommen können, dann platzen wir nicht so schnell, schlagen nicht so heftig zu, dass wir uns dessen nach dem Abflauen der heftigen Gefühle schämen müssten. Innere Bilder erleichtern uns den Umgang mit heftigen Gefühlen. Und wenn sich wie bei der Erzählerin und ihrem Zuhörer zeitgleich ähnliche Bilder einstellen, dann lassen sich in und nach dem Erzählen auch die Gefühle leichter mitteilen. Aus diesem Grunde setzten sich noch unsere Großeltern wintertags vor das Herdfeuer, erzählten sich Geschichten, sangen Lieder ... Und für Schehersad galt, dass sie in den 1001 Nächten nicht nur die grässliche narzisstische Wut des Sultans überlebte, nein es entstand sogar aus dem Erzählen heraus eine dauerhafte Liebe.

Wenn wir die Rahmenerzählung aus „Tausendundeine Nacht" auf diese Weise verstehen, ist zugleich auch die Interpretation stimmig, die in dem Sultan und Schehersad die zwei widersprüchlichen Persönlichkeitsanteile *eines* in sich zerrissenen Menschen sieht. Indem der „verständige" Persönlichkeitsanteil Geschichten hört – viele Geschichten –, kommt es zu einer zusammenhängenden (kohärenten) Identität, in der die „wilden" und „verständigen" Persönlichkeitsanteile wieder zusammengefügt worden sind.

„Ehe wir aber die Integration unserer Persönlichkeit, wie sie mit der Gestalt des Königs am Ende von ‚Tausendundeiner Nacht' dargestellt ist, erreichen können, müssen wir uns durch viele Entwicklungskrisen hindurchkämpfen. Eine (Krise) betrifft die Frage der Persönlichkeitsintegration: *Wer bin ich wirklich? Welcher der widersprüchlichen Neigungen in mir soll ich folgen?* (Hervorhebung durch E. S.) Das Märchen gibt die gleiche Antwort wie die Psychoanalyse: Wir müssen unsere Ambivalenzen integrieren, wenn wir von ihnen nicht herumgestoßen und in extremen Fällen zerrissen werden sollen. Nur auf diese Weise erlangen wir eine einheitliche Persönlichkeit, die mit innerer Sicherheit die Schwierigkeiten des Lebens zu überwinden vermag. Die innere Integration lässt sich aber nicht ein für allemal vollziehen; sie ist uns das ganze Leben lang als Aufgabe gestellt, wenn auch in verschiedener Form und unterschiedlichem Grad (...). Es erfordert(e) fast drei Jahre ununterbrochenen Märchenerzählens, um den König von seiner tiefen Depression zu befreien und seine Heilung herbeizuführen. Er muss(te) tausend Nächte lang aufmerksam auf Märchen hören, um seine völlig zerfallene Persönlichkeit wieder zu integrieren". So äußert sich Bruno Bettelheim in seinem Buch: „Kinder brauchen Märchen".

Kindern tut es gut, wenn ihnen etwas erzählt oder vorgelesen wird. Hierdurch werden Ressourcen aktiviert. Selten genug wird aber darüber nachgedacht, dass es auch den Erwachsenen gut tut, eigene Bilder aufsteigen und Gefühle zur Sprache oder Sprachnähe kommen zu lassen. Insofern ist die Gutenachtgeschichte eine besonders geeignete Zeit und ein geschützter Ort für die dialogische Begegnung und Identitätsfindung – sowohl für die kindlichen Zuhörer als auch die Erwachsenen, die erzählen oder vorlesen. Voraussetzung ist jedoch ein Mindestmaß an Muße. Dies wird eher ermöglicht, wenn beide Eltern sich bei dem abendlichen Ritual abwechseln, vielleicht auch ihre Tagesanspannung über ein Lied auflösen. Dann verweist das Ritual selbst auf einen sicheren Ort, gibt dem Abend seine eigene Struktur.

Das Verweilen, das Nachhängen in den Gedanken, das heruntergedimmte Licht mit verminderter Wahrnehmungsintensität der Außenreize ermöglichen nach der Gutenachtgeschichte eine Pause zwischen Erzählen und „kommentierender" Antwort des Kindes – auch wenn die Antwort nur in einem Seufzer oder einem „In-das-Kissen-Schnuffeln" bestehen sollte. Erzähler und Zuhörer beginnen eine assoziative Wanderung, die von den gemeinsamen Bildern und Stimmungen ausgeht und wieder zu jeweils unterschiedlichen Bildern und Stimmungen der beiden Dialogpartner führt. Auch diese unterschiedlichen Bilder und Stimmungen, bei denen jeder am Ende dieser Wanderung anlangt, können dann wieder ausgetauscht werden – oder begleiten das Kind in das Reich der Träume.

Bedrückende oder freudige Ereignisse des Tages können zur Sprache kommen, für die in dieser Weise sonst kein geeigneter Mitteilungsort vorhanden gewesen wäre. Der unmittelbare Dialog von Angesicht zu Angesicht wird leider immer seltener. Denn der gemeinsame Parallelblick auf die Mattscheibe des Fernsehgerätes, aber auch das *„Simsen"* und der *Chatroom* ermöglichen keinen Dialog, innerhalb dessen sich die Dialogpartner umfassend wahrnehmen und aufeinander einstimmen können.

Der Witz an dem Dialog nach der Gutenachtgeschichte ist auch der, dass das Kind die Freiheit hat, nur das zu erzählen, was es auch erzählen möchte. Es bringt gewissermaßen seine Gedanken, Bilder und Empfindungen als Geschenk. So wäre es ein Missverständnis, zu meinen, dem Kind werde geholfen, wenn man ohne Voranfrage seine Gedanken erriete oder gar interpretierte. Das kann meist nur als ein Eindringen des sowieso schon als sehr übermächtig erlebten Erwachsenen in den selbstgefundenen Sinn wie auch in die eigene Identität empfunden werden. Diese Behutsamkeit gehört auch bei Bruno Bettelheim zu der „wichtigsten und schwierigsten Aufgabe der Erziehung", nämlich „dem Kind dabei zu helfen einen Sinn im Leben zu finden. Dazu sind viele Wachstumserfahrungen nötig. Das Kind muss in seiner Entwicklung lernen, sich selbst immer besser zu verstehen; dann vermag es auch andere zu verstehen und schließlich befriedigende und sinnvolle Beziehungen mit ihnen herzustellen". Zugleich verweist Bettelheim auf die Ressourcen – er spricht von „inneren Kraftquellen" –, die mit dem Erzählen, insbesondere dem Erzählen von Märchen, aktiviert werden. Für die *Sinnfindung* eines jeden Einzelnen sei das kulturelle Erbe, das in den Märchen aufbewahrt werde, von großer Bedeutung.

Über Sinnfindung nachzudenken, ist allerdings schon seit Jahrzehnten in der akademischen Welt – außer der theologischen – kaum möglich.

Unbeschadet dessen besteht ein starkes Bedürfnis nach einer Sinnorientierung – so wie sie zum Beispiel von dem Arzt und Philosophen Viktor Frankl thematisiert worden ist. Auf dessen Gedankenwelt beruft sich auch Aaron Antonovsky ausdrücklich bezüglich der Sinnhaftigkeit als der entscheidenden Komponente des Kohärenzgefühles.

Sinn lässt sich nicht verordnen, aber über das Erzählen und Zuhören können wir unseren je eigenen Weg suchen, um einer Antwort auf diese Frage näher zu kommen.

Vor dem Hintergrund des „kulturellen Erbes", das sich in den verschiedensten Formen in jeder Geschichte widerspiegelt, entfaltet das Kind beim Zuhören seine *eigenen* inneren Bilder. Es kann dann so mit *seinen* Bildern das Gehörte bereichern. Es bewegt und gestaltet eigenständig etwas in der Phantasie, fügt Äußeres und Inneres zusammen und ist zugleich „bei sich selbst“. In die Pause nach dem Erzählen speist sich assoziativ auch die erlebte äußere Welt des Tages ein, die mit ihren Anforderungen, Gefahren und Ängsten gestaltet und umgestaltet wird. Die Phantasie wird so zum besseren Land. Der Weg von dort zurück in die äußere Wirklichkeit erfolgt dann wieder über das Spielen am nächsten Tag. In dieser Situation verschmelzen die Intermediärräume des Spielens und des Dialoges zu einem durchgängigen Raum.

Wenn das Kind will, kann es nach der Gutenachtgeschichte dialogisch die Ereignisse des Tages darstellen und mit seinem Gegenüber gemeinsam teilen. Das Kind schwingt zwischen den erinnerten Tageserlebnissen einerseits und neu hinzukommenden Einfällen und Phantasien andererseits hin und her. Es gestaltet eigenständig die äußere Welt in der inneren Welt um. So wird es Autor seiner *eigenen Geschichte* und Urheber seiner *eigenen Welt*. Zugleich finden Gefühle und leibhaftige Erfahrungen aus dem Spielen heraus über innere Bilder ihren Anschluss an den Sprachdialog.

Gerade das abendliche Geschichtenerzählen stellt auch eine fabelhafte Gelegenheit dar, „Regenbogen-Humor“ zu proben. Auch auf die Gefahr hin, dass das Kind vor lauter Lachen erst verspätet einschläft. Geschichten wie die vom *Sams*, der *Kleinen Hexe* und dem *Räuber Hotzenplotz* ermöglichen ein befreiendes Gelächter, mildern Angst und Gewissensstrenge (s. Kap XII).

Kinder – und Erwachsene – lachen, wenn das Unverhoffte, das aus dem Rahmen Fallende, die Übertreibung, die Dummheit, die Unverhältnismäßigkeit von Aufwand und Ergebnis und schließlich auch die Widersinnigkeit in der Geschichte von ihnen durchschaut werden. Mit sieben Jahren konnte Jan über das Grimmsche Märchen vom *Frieder und dem Katherlieschen* so herzhaft lachen, dass ihm die Tränen die Wangen herunterkullerten. Ein Jahr zuvor hatte er das Märchen eher als „mittelmäßig" empfunden. Jan hörte in der Zeit, in der er sowohl den Umzug seiner Familie in einen anderen Ort als auch die Einschulung sowie die Ankunft eines weiteren Geschwisterchens verkraften musste, besonders gerne lustige Geschichten. Am liebsten solche, in denen anderen, wie dem Frieder und dem Katherlieschen, Missgeschicke widerfuhren.

Gefühlsgespenster aller Art werden weniger gefährlich, wenn sie benennbar ihren Platz in unserer Lebensgeschichte finden. Dazu ist die Gutenachtgeschichte mit ihren aufsteigenden Bildern und Gefühlen auch für die Erwachsenen eine hervorragende Übung. Der Dialograum, den die Gutenachtgeschichte aufschließt, ermöglicht eine Muße, die der im selbstverlorenen, entspannten Spiel ähnelt: jenseits von Sieg, Leistungsdenken und Fitnessideologie. Damit ist nicht ein umfassendes Harmonieideal als „Allheilmittel" für den Erwachsenen gemeint, sondern vielmehr, dass über ein solches „Sich-Verlieren" die Fähigkeit erhalten bleibt bzw. gefördert wird, zwischen den Anspannungen des Erwachsenen-Alltages und den spielerisch-dialogischen Intermediärräumen hin und her zu schwingen – und darüber zur Gelassenheit zu gelangen. Dies erscheint umso bedeutsamer, als in der gegenwärtig vorherrschenden Globalisierungsideologie Vokabeln wie Höchstleistung, Arbeitsverdichtung, Leitlinien, Qualitätskontrolle, „Benchmarking" und Flexibilität gern auch als Folterinstrumente verwendet werden, um das Interesse von Aktionären („Shareholder Value") zu bedienen. Für einen Eigen-Sinn, für Initiative, Kreativität und Spontaneität bleibt wenig Platz. Aber gerade diese Momente, die sich nur in den Intermediärräumen des Spielens und des Dialoges entfalten, fördern eine intrinsische, also von innen her kommende und eigene Leistungsmotivation, die ohne äußere Folterinstrumente auskommt. Sie befähigen zugleich, nach innen zu schauen und ermöglichen so eine zeitgerechte Kunstpause, ein Zurückschwingen von der Aktivität zur Kontemplation, zum verweilenden Betrachten. Und eben dies ist in der Ebene der Gelassenheit angesiedelt, bewahrt zusammen mit der intrinsischen Motivation vor Burn-out und Herzinfarkt.

Kapitel VII

Singen und Gelassenheit

„‚Singer' sind im Vergleich zu ‚Nicht-Singern' gesünder, und zwar sowohl psychisch als auch physisch. Sie sind lebenszufriedener, ausgeglichener und zuversichtlicher, haben ein größeres Selbstvertrauen (...) Singen ist unter der Fragestellung der Salutogenese Gesundheitserreger (...)"

Karl Adamek

In dem kleinen Ort Holtgast nahe der ostfriesischen Nordseeküste gibt es eine Grundschule. Und an dieser Schule erlernen 85 Prozent der Dritt- und Viertklässler ein Instrument. Meistens die Blockflöte. Und *alle* Schüler werden im Rahmen einer Projektarbeit zusätzlich zum Schulunterricht in ein gemeinsames Singen und Musizieren eingebunden. Seitdem es dieses Projekt gibt, habe sich der Umgangsstil der Schülerinnen und Schüler deutlich verändert, wird von Schulleiter Burkhardt Theiner berichtet. Die Kinder seien ruhiger, weniger aggressiv und gelassener. Auch im übertragenen Sinne können sich die Kinder besser aufeinander einstimmen. Das verwundert nicht, denn bereits mit Wiegen- und Abendliedern stimmen wir uns so auf unsere Kinder ein, dass sie ruhiger werden und schlafen können. Und wenn wir gemeinsam singen, entsteht in dieser Gemeinsamheit ein starkes *Gruppen-Kohärenzgefühl,* das wiederum auf das Kohärenzgefühl eines jeden Einzelnen einwirkt und dieses stärkt. Zugleich entsteht eine Haltefunktion in der Gruppe. Der Einzelne fühlt sich in solch einer Gruppe durch die anderen getragen. Diese Erfahrung hilft dann wiederum auch in *anderen* Situationen als denen des Singens, tragfähige Beziehungen herzustellen, ein Fairplay zu praktizieren, den Anderen sich nach seinen Möglichkeiten entfalten zu lassen. Und genau davon wusste Schulleiter Theiner im Zusammenhang mit seinem Musizier- und Singprojekt zu berichten.

Wie schon erwähnt, werden auf neurobiologischer Ebene über das Singen die Mandelkerne deaktiviert, was zur Entängstigung und Gelassenheit des Singenden wesentlich mit beiträgt.

Wenn Eltern ihren Kindern etwas *vor*singen, dann färbt die elterliche Gelassenheit auf die Kinder ab, motiviert diese weiterhin, in dem sozialen Miteinander auch selber zu singen und durch *eigenes* Singen gelassen zu werden. Ein beeindruckendes salutogenetisches Moment gegen ADHS.

Das soziale Miteinander im Singen beginnt schon, wenn die schwangere Frau ihrem noch ungeborenen Kind etwas vorsingt. Und wenn der werdende Vater auch mal mitsingt, so mag das für diesen zunächst ungewohnt sein. Aber spätestens nach der Geburt wird er merken: sein Kind wehrt ihn mit seinem sachten Singen weder ab, noch lacht es ihn späterhin aus. Im Gegenteil. Dann kann es sogar vorkommen, dass beim abendlichen Zubettbringen das Lied „Weißt du wieviel Sternlein stehen …“ mindestens zehn Strophen haben muss. Vielleicht entdecken dabei die Eltern gemeinsam, welche salutogenetischen Möglichkeiten das abendliche Zubettgehen-Ritual in sich birgt. Dann können sie sich ablösen und *gelassen* dem Kind etwas erzählen oder vorlesen und zum Abschluss noch vorsingen bzw. gemeinsam singen. Und wenn die Eltern zunächst nicht gelassen, sondern noch recht angespannt sind, können sie *zuerst* etwas vorsingen und darüber *selber* zu einer größeren Gelassenheit kommen, die sich dann weiter auf das Kind überträgt. Und so, wie in der Gelassenheit und der Geborgenheit beim Vorlesen das Kind eine freudige und bejahende Einstellung zum selbständigen Lesen bekommt, gewinnt das Kind über das Vorsingen bzw. gemeinsame Singen auch einen positiven Bezug zum eigenen Singen.

Wenn unsere Patientinnen und Patienten mit seelischen Traumatisierungen oder chronischen Schmerzen noch zum Singen motiviert werden können, dann sind es sehr oft positive Erfahrungen aus dem Gutenacht-Ritual oder aus der Kindergartenzeit heraus, die sie trotz aller späteren Beschämungen das Singen dennoch wagen lassen.

Bedauerlich erscheint dabei nur, dass es erst des geschützten Rahmens der Therapie bedarf, um die heilsamen und gesundheitsförderlichen Kräfte des Singens neu zu entdecken. Diese entfalten sich auch nur, wenn wir uns innerlich nicht dagegen sträuben, das zu singen, was wir gerade singen oder überhaupt zu singen. Wenn wir gegen unseren Willen genötigt werden – möglicherweise auch noch alleine –, etwas vorzusingen, tritt sehr oft das Gegenteil von Gelassenheit ein, nämlich Panik. Oder: stellen wir uns doch mal vor, wir würden morgens an der Bushaltestelle jemanden treffen, der alleine laut – und nüchtern, außerhalb der Karnevalszeit – „Geh aus mein Herz …“ singen würde. Vermutlich würde uns ein sehr merkwürdiges Gefühl beschleichen. All dies hat sehr viel damit zu tun, dass wir schon recht früh in unserem Singen tiefgreifend beschämt werden. Wir uns nicht dagegen wehren können, wenn jemand uns zuruft: „Hör auf, das hört sich ja schrecklich an ...!“ (Siehe hierzu auch Kap. III)

Aber, wenn nur genügend Eltern wüssten, dass das Singen zum Beispiel beim Gutenachtritual – pointiert ausgedrückt – so etwas darstellt wie eine Impfung *gegen* Ängste und Depressionen beziehungsweise *für* mehr Gelassenheit und Lebensmut, dann könnte dies vielleicht immer mehr Eltern motivieren, sich abends für eine gute halbe Stunde vom Fernseher und/oder Computer wegzubewegen, um ihre Kinder über die Gutenachtgeschichte und das abendliche Vorsingen in den Schlaf hinein zu begleiten. Und immer mehr Kinder würden mit diesen verinnerlichten Beziehungserfahrungen später als Erwachsene auch ihren eigenen Kindern wieder vorlesen und etwas vorsingen ...

Wenn meine Patientin Meike unter Spannung geriet, und das geschah ziemlich oft nach dem Schwangerschaftsabbruch, musste sie sich mit einer Rasierklinge in die Arme und Beine schneiden, bis Blut floss. Dann ging es ihr kurzfristig besser. Die Spannungen ließen vorübergehend nach.

Meike hatte in ihrem jungen Leben nichts entbehrt – außer dass sie von ihren beruflich sehr engagierten und erfolgreichen Eltern mit ihren eigenen Geschichten, Bildern, Liedern, Basteleien ... kaum wahrgenommen worden war. „Schön hast du das gemacht. Hast du das schon Papa gezeigt?“. Den entsprechenden knappen Kommentar hörte sie dann ebenso auch vom Vater. Aber tüchtig sollte sie schon sein. Wenn sie es nicht war, wurden die Zuwendungsrationen noch mehr gekürzt.

In der Schule kam Meike leistungsmäßig gut zurecht, mit dem Computer kannte sie sich brillant aus. Nur mit ihren eigenen Gefühlen nicht. Aufsässigkeit und Wut konnte sie nicht zeigen – aus Angst, dann noch weniger wahrgenommen zu werden. So richtete sie ihre Wut späterhin gegen sich selbst. Nahm ihren eigenen Körper zum „Objekt".

Als sie zu uns in die Klinik kommt, kann sie bereits in der Anfangsphase im Zusammenhang mit dem Einzelsingen eine deutliche Entspannung spüren. Der Drang, sich selbst zu verletzen, lässt nach. Indem sie sich über ihr Singen leibhaftig selbst spürt und auch wohlwollend wahrgenommen weiß, wird sie gelassener. Konflikte, Belastungen, Kränkungen lösen keine Spannungen mehr aus, die sie zur Selbstverletzung nötigen. Das war selbstverständlich noch nicht die ganze Therapie, aber schon mal ein guter Anfang.

Erst im Laufe der weiteren Therapie verstanden wir auch, warum der Anfang so gut geklappt hatte: Meike hatte eine Oma gehabt, die ihr bis kurz vor dem Zeitpunkt der Einschulung abends regelmäßig etwas vorgelesen und vorgesungen hatte. Leider ist die Oma viel zu früh verstorben.

Vermutlich hätte sich die Oma auch dazugesetzt, wenn Meike auf dem Klavier übte. „Ich höre dir gerne zu", hätte die Oma gesagt und vielleicht auch mal zu den Liedern, die Meike spielte, gesungen. Sie hätte Meikes Freude gespürt und ihr gesagt: „Schön, dass du soviel Freude am Klavierspielen hast." Aber die Oma lebte nicht mehr, als Meike mit dem Klavierspielen begann. So hörte Meike nur: „Klingt schon ganz gut, aber da waren immer noch Fehler drin", oder: „Das musst du noch viel mehr üben, wenn du nicht übst, dann wird das auch nichts!" Kein

Wunder, dass Meike in der Pubertät trotz beachtlicher Erfolge den Klavierunterricht abbrach und das Klavier Klavier sein ließ.

Als Meike auf meine Empfehlung hin sich den schwedischen Film „Wie im Himmel“ ansieht, zeigt sie sich von dem Film stark angerührt. Am meisten bewegte sie die Sequenz, in der der Dirigent dem Dorfchor, den er zum ersten Mal gehört hat, auf dessen Nachfrage sagt: „Ich habe viel Schönes gehört.“

Meike schließt sich bald darauf einem Gospelchor an, in dem sie mit großer Freude mitsingt. Gelegentlich traut sie sich auch schon wieder an das Klavier. Sie kann sogar den Gespenstern, die da hocken und ihr zuwispern: „Du musst viel mehr üben, sonst wird da nichts draus“, die Zunge herausstrecken. Immer mehr erlebt sie, wie sie singend am Klavier zur Gelassenheit kommt, dabei auch die gelegentlich noch anflutenden Spannungszustände, unter denen sie vordem so gelitten hatte, deutlich mildern kann.

Kapitel VIII

Gesunde Leistungsbereitschaft entfaltet sich in den Freiräumen des Spielens und des Dialoges

$$\text{Leistung} = \frac{\text{Arbeit}}{\textit{Zeit}}$$

„Er hat keine Zeit für die Liebe,
er hat keine Zeit mehr für sich,
er wird durch Kalender getrieben
und lässt sein Herz ganz im Stich…

Bots (1986): Lass die Sterne stehn

In der Physik wird Leistung als der Quotient aus verrichteter Arbeit – und Arbeit ist Weg x Kraft – und dafür benötigter Zeit verstanden. Ist der Teiler „Zeit" gering, dann ist die Leistung groß. Diese Leistungsdefinition ist unmittelbar in unser Verständnis von Akkordarbeit eingegangen.

Leistung im Sinne des bürgerlichen Rechts ist das, was der Gläubiger vom Schuldner kraft des Schuldverhältnisses zu fordern berechtigt ist. Eine solche Forderung kann jeden möglichen Inhalt haben. Dieses Verständnis von Leistung, nämlich, dass man notfalls zu dieser gezwungen, bzw. bei Nichterbringung verurteilt werden kann, zeichnet sich zur Zeit immer mehr in Konzepten ab, durch die gesellschaftliche Probleme gelöst werden sollen. So zum Beispiel in den Konzepten, durch die vermeintlich schulische Leistungen gesteigert oder die Qualität und Finanzierbarkeit ärztlicher Versorgung auf Trab gebracht werden sollen.

Die durch Steuermittel finanzierte Schulausbildung des Kindes zum Beispiel wird dabei als staatlicher Kredit verstanden, der durch schulische Leistungen abgelöst werden muss. Wer aber nichts leistet, ist dann auch nicht mehr kreditwürdig.

Nach Karl Jaspers habe ich „in der Gesellschaft Geltung durch das, was ich *leiste*. Es ist mir ein neuer Spiegel dessen, was ich bin. Was durch mich geschah, was ich als Erfolg und als Werk sehen kann oder was mir als Misserfolg und als Missratenes vor Augen steht. Doch" – so Jaspers weiter – „ich bin nicht (nur) das, was ich leiste. Ich kann zu ihm sogar in einen Gegensatz geraten. Ich selbst fliehe die Identifizierung mit meinen Werken umso mehr, als sie mich mir selbst zu rauben scheinen ..."

Der Philosoph – und das erscheint doch als tröstlich – hat noch Zweifel an Definitionen und Zuschreibungen, kennt Ambivalenzen und Ambitendenzen sowie auch Vielschichtigkeit in Bezug auf den Leistungsbegriff. Es lässt in diesem Text auch die *Freiheit* des Individuums der Leistung gegenüber aufscheinen.

Die anthropologische Grundaussage des Alten Testamentes: „Im Schweiße deines Angesichts sollst du dein Brot essen ..." wird im Neuen Testament nicht relativiert. Sehr wohl wird aber in einer vielschichtigen Reflexion die Bewertung bzw. Wertschätzung des Menschen nach seinen Leistungen in Frage gestellt. Wie zum Beispiel in dem Gleichnis von den Arbeitern im Weinberg.

Menschliche Identität beginnt eben nicht mit einer Leistung, sondern mit einem *Geschenk*, nämlich dem Geschenk der liebevollen Beziehung – so Helmut Gollwitzer in *Krummes Holz – aufrechter Gang*. Und aus dem Geschenk heraus erwachsen spontane Höchstleistungen: Zum Beispiel, wenn das Kind mit dem zweiten Lebensjahr das Laufen erlernt, obwohl es anfangs dabei immer wieder auf die Nase fällt.

Die moderne Affektpsychologie und Säuglingsforschung, die sich mit dem frühen dialogischen Lächeln zwischen Eltern und Kind beschäftigen, bestätigen Jahrzehnte später Gollwitzers These vom Schenken.

Kinder suchen im Laufe ihrer Entwicklung Spielsituationen, die einen zunehmenden Anforderungscharakter aufweisen: Balancieren, Klettern, Schwimmen, Buden bauen, Fahrrad fahren, Computer nutzen ... Die Lebensfreude eines Kindes schließt die lustvolle Welt- und Selbsterfahrung vermöge zunehmender eigener Kompetenz mit ein.

„Experimente lehren, dass nicht nur Trieb- und Körperlust, sondern auch Entdeckerlust und das Gefühl, in der Außenwelt sinnvolle Zusammenhänge bewirken und erkennen zu können, zentrale Motivatoren von Lebensbeginn an sind" – so der in der Säuglingsforschung sehr bewanderte Martin Dornes (1993).

Und wie erleben Kinder Entdeckerlust und spüren das Gefühl, in der Außenwelt sinnvolle Zusammenhänge bewirken zu können? Spielend, natürlich!

Gemeint ist ein Spielen im Sinne von paidia (griechisch: kindliches Spielen) oder play (altsächsisch: plegan = pflegen) und das bedeutet *leibhaftige* Welterfahrung mit allen Sinnen einschließlich des Bewegungssinnes sowie der Gefühle. Diese leibhaftige Welterfahrung kann mit unseren *Denksymbolen* – d.h. unseren Bildern und Begriffen – verknüpft werden, worüber ein lebendiges Selbstgefühl entsteht. Mit unseren Denksymbolen werden die leibhaftigen Spielerfahrungen aber ausreichend nur verknüpft, wenn wir von unseren Erfahrungen erzählen können und uns jemand dabei gut zuhört. Wenn uns *Wahrnehmung geschenkt* wird, indem wir wohlwollende *elterliche Kommentare erfahren.* Hierüber kann sich mit der Zeit ein Eigen-Sinn entfalten, dessen innere Motivationskraft Höchstleistungen ermöglicht.

Wenn hingegen die Kommentare wie bei meinem Patienten Kevin (Kap. IV) sich nur mit missglückten Abenteuern beschäftigen oder wie bei den *Grauen Herren* in *Michael Endes* Geschichte um *Momo* nur vermitteln: das, was du machst, ist immer noch nicht gut, dann kann sich kein schöpferischer Eigen-Sinn entfalten. Dann unterwerfen wir uns dem, der uns später als verinnerlichter Grauer Herr unentwegt zuflüstert: noch mehr, noch besser, oder: lass die Finger gleich davon, da wird sowieso nichts daraus. Und diese Grauen Herren versperren uns die Nebenwelten des Lachens und Singens ...

Vergleichbares galt auch für Elfriede (Kap. II) und Richard (Kap. V). Es wurde kaum ein Wort darüber verloren, aber beide wussten sehr genau: die Notsituation der Familie lässt jetzt nichts anderes zu, als dass ich Kindheit und meinen Anspruch auf Eigen-Sinn opfere.

Unser Handeln ist dann in der weiteren Folge nicht mehr auf das abgestellt, was uns selbst spontan sinnvoll erscheint, sondern wir versuchen nur noch Fremdmaßstäbe zu bedienen oder verzweifelt nachzuweisen, dass wir doch zu etwas taugen, wir uns nicht nur schämen müssen, wir es endlich wert sind, wahrgenommen werden.

Wir verlieren dabei die innere Freiheit, aus *unserer* Sinnperspektive heraus uns für oder gegen eine Aufgabe zu entscheiden. Und eben diese Freiheit ermöglicht uns sehr oft erst, auch noch durchzuhalten, wenn es schon sehr mühselig geworden ist. Dann bedroht auch ein mögliches Scheitern nicht die Sinnhaftigkeit meiner Existenz, flüstert mir keine Stimme: „Versager!" zu, vielmehr spüren wir ein Lächeln im Rücken und hören den Kommentar: „prima, dass du so lange durchgehalten hast". Wir sind hier wieder bei dem *Kohärenzgefühl* und der *Identität* angelangt. Das heißt, einen inneren Zusammenhalt haben, sich getragen fühlen, und die Frage „Wer bin ich" nicht nur für einen kurzen Zeitabschnitt, sondern für eine durchgängige Lebensgeschichte mit Sinnperspektive beantworten zu können.

Kohärenzgefühl und Identität ermöglichen Gelassenheit in Fortsetzung der freundlichen Lächeldialoge oder freundlichen Kommentare der Menschen, die uns in unserem Leben begegnet sind und uns darüber wichtig wurden. Hierüber sind Höchstleistungen möglich, ohne dass wir dabei versklaven.

Bei Gollwitzer wird diese Thematik folgenderweise abgehandelt:

„Denn frei ist der Mensch, wenn er nicht sich selber rechtfertigen muss, wenn er von diesem Müssen frei ist, wenn er frei zum Spielen ist, wenn Freiheit nicht sein Ziel ist, um das er sich bemühen, das er sich erwerben muss, sondern sein Ausgangspunkt. Darum ist das Kind das Bild der Freiheit. Freiheit wie Sinn wie Glück ist immer empfangene, ist immer Gnade." Freiheit gegen Versklavung ist also immer ein Geschenk und kein Kredit!

Wir sehen es dem handelnden Menschen von außen zunächst aber nicht an, ob er aus dieser Freiheit heraus handelt, wenn er sich in seiner Aufgabe ganz und gar verliert, ganz und gar darin aufgeht – über Stunden, Tage, Wochen, Monate ... Wir sehen also nicht, ob er gegebenenfalls zurückschwingen kann, Symptome von Erschöpfung und Krankheit als Signale für seine eigene Erschöpfbarkeit begreift und demzufolge nach Modifikationen seiner Handlungsentwürfe zu suchen beginnt. Oder – ob er als Sklave gar nicht anders kann, weil er sonst vor der Leere seines falschen Selbst oder den Versagens-Schamgefühlen zusammenbrechen würde. Erinnert sei an die „Unfähigkeit zu trauern", die Alexander Mitscherlich vielen Deutschen nach dem zweiten Weltkrieg attestiert hat und als eine Ursache der „Wirtschaftswunder"-Leistungen ansah. Jenseits der Leistung bleibt dann nur noch das, was Karl Jaspers als *passive Resignation* beschrieben hat, als das „bloße Aushaltenkönnen und (...) unvermeidliche Daseinstechnik für den Augenblick", die „sogleich der Weg ins Leere (wird), wenn sie mehr sein will." Passive Resignation hat dann einen Sog in das Nichts, den narzisstischen Tod oder den Zynismus, in die Sucht und den Suizid oder andere Formen der Selbstzerstörung.

Aktive Resignation aus innerer Freiheit heraus hingegen heißt bei Jaspers: Ich erfahre meine Erschöpfbarkeit und Ohnmacht, Ich erkenne diese an. Dies meint jedoch keinen Endzustand, sondern meine früheren Erfahrungen im schöpferischen Handeln ermutigen mich, etwas Neues zu wagen. Aktive Resignation ist in der Nähe der Gelassenheit, der schöpferischen Pause angelegt, lässt sinnvoll verzichten, ist Entfaltung eines schöpferischen, „wahren" Selbst mit einem sicheren inneren Ort. Identität als Antwort auf die Frage „Wer bin ich“ birgt dann mehr Aspekte als die der aktuellen Nützlichkeit, Leistungsfähigkeit und Funktionstüchtigkeit – zum Beispiel den der Möglichkeit der gelassenen Freiheit zu mir selbst.

Kapitel IX

Kühl und Cool – Kaleidoskop zum Thema Gelassenheit

„Das Wasser rauscht',
das Wasser schwoll,
Ein Fischer saß daran,
Sah nach dem Angel ruhevoll,
Kühl bis ans Herz hinan.
Und wie er sitzt, und wie er lauscht,
Teilt sich die Flut empor;
Aus dem bewegten Wasser rauscht
Ein feuchtes Weib hervor".
(…)

Johann Wolfgang von Goethe

„Boy, boy, crazy boy,
Get cool, boy!
Get a rocket in your pocket,
Keep coolly cool, boy!
Don't get hot,
'Cause, man, you got
Some high times ahead.
Take it slow and Daddy-o
You can live it up and die in bed!"
(…)

Aus: West Side Story (1961)

Als kühler, unerschütterlicher Techniker versteht sich der *Homo faber* in dem berühmten Roman von *Max Frisch*. Mathematik und Physik genügen ihm, um das Leben zu erklären. Das Unwahrscheinliche ist als Grenzfall des Möglichen in jeder Wahrscheinlichkeitsrechnung mit inbegriffen. „Und wenn es einmal eintritt, das Unwahrscheinliche, so besteht für Unsereins keinerlei Grund zur Erschütterung." Auch in der Erinnerung an eine – inhaltlich nur angedeutete – sexuelle Blamage bleibt Homo faber im Missverständnis seiner

Selbst gefangen: „Ich habe gewusst, dass es einmal so kommen wird, später liege ich in meinem Hotel – schlaflos, aber gelassen, es ist eine heiße Nacht, ab und zu dusche ich meinen Körper, der mich verlässt, aber ich nehme kein Schlafpulver ... Mein Hirngespinst: Magenkrebs. Sonst glücklich –"

In der Selbstreflexion des Homo faber zeigen sich einige Verstehens- bzw. Missverstehensvariationen von Gelassenheit, die schon im ersten Kapitel erwähnt worden sind. Homo faber versucht kühl, das heißt distanziert zu bleiben, obgleich er innerlich kocht. Auch das Duschen mit kaltem Wasser bewirkt keine ausreichende Abkühlung. Es ist augenscheinlich nicht nur die äußere Hitze, die ihn an ein Schlaf- oder Beruhigungsmittel denken lässt. Er sorgt sich, an Magenkrebs erkrankt zu sein, definiert sich aber sonst als glücklich. Seine Sprache changiert dabei gelegentlich ins Schnodderig-Distanzierte, bekommt einen *coolen* Anstrich. Glücklich und gelassen scheint er dabei trotz entsprechender Selbstauskunft aber nicht zu sein. Homo faber zeigt sich als „klassischer" psychosomatischer Patient. Seine Entborgenheit lässt keinen erreichbaren inneren sicheren Ort vermuten.

Eben dieser innere sichere Ort, der im bisherigen Gang unserer Überlegungen skizziert worden ist, ermöglicht erst eine Orientierung zur Gelassenheit hin. Insbesondere bei:

- *eigenen inneren* Gewalteinwirkungen in Form heftigster Gefühle und destruktiver Handlungsimpulse, die unserer „eigenen Natur" entspringen
- *verinnerlichter* Gewalt in Form von eingehämmerten Befehlen und Vorschriften („Graue Herren", „innere

Besatzungsmacht", „Introjekte"), die uns ständig nötigen, das zu empfinden und zu tun, was nicht unser Eigenes ist
- *äußerer* Gewalt insbesondere in Form struktureller Gewalt.

Bei Gelassenheit denken wir zunächst an unsere eigenen heftigen Gefühle und Impulse, denen wir nicht bedingungslos ausgeliefert sein möchten. Die Gewalt der eingehämmerten Vorschriften und Erwartungen erkennen wir von allein eher selten. Wir brauchen dazu meistens ein dialogisches Gegenüber, mitunter auch ein therapeutisch-dialogisches Gegenüber (siehe Elfriede, Kp. II und Richard, Kp. V). Besonders vertrakt war die Situation für Johanne. Deren Mutter war als junges Mädchen sexuell traumatisiert worden und vermittelte nun ihrer Tochter – kaum mit Worten, vor allem mit Blicken –, dass sie ihr lebhaftes Temperament zügeln solle, sich auf keinen Fall gehen lassen dürfe. Johanne wirkte äußerlich kühl, oft distanziert. In ihren Träumen kam es aber sehr oft zu Explosionen, lieferten sich ihr Temperament und ihre introjekthaften Bewacher – Johanne sprach von ihren Gespenstern – heftigste Kämpfe. Die scheinbare Paradoxie der Therapie bestand darin, ihr Gelassenheit gegenüber den verinnerlichten Bewachern – die sie zu einer kühlen äußerlichen Selbstdarstellung zwangen – zu ermöglichen und sie zugleich ihr eigenes Temperament und ihre Leidenschaftlichkeit gelassen und ohne Angst erleben zu lassen.

Bei äußerer, insbesondere auch struktureller Gewalt möchten wir einen kühlen Kopf behalten, um dieser in geeigneter Weise begegnen zu können. Oder wenn dies nicht möglich sein sollte, sie besser auszuhalten. –

Im Folgenden geht es darum, zu welch unterschiedlichen, oft auch paradoxen Einstellungen und Haltungen das Ringen um Gelassenheit auf den genannten drei Ebenen in unterschiedlichen soziokulturellen Kontexten führen kann.

Seit der Aufklärung, verstärkt dann noch seit dem ersten Weltkrieg, haben die damit verbundenen Überlegungen und Phänomene auch eine *alltagspraktische* Bedeutung gewonnen, sind nicht mehr nur Themen, die vorwiegend die Philosophen interessieren. Gelassenheit und themenverwandte Begriffe wie Coolness, Entspannung und Stressbewältigung lassen den Menschen nicht mehr los. Es gibt Entspannungs- und Stressbewältigungskurse, tonnenweise werden *Ataraktika*, nämlich Medikamente zur Beruhigung, (aus dem griechischen Wort Ataraxie: Unerschütterlichkeit, Seelenruhe) verordnet und konsumiert. Das gleiche Ziel, nämlich Ataraxie, wird natürlich auch mit dem Konsum von Alkohol oder anderweitigen Rauschmitteln angestrebt.

Es sieht so aus, als ob dem Menschen der Moderne – dem Lied und Gebet fremdgeworden sind und für den der Dialog von Angesicht zu Angesicht immer mehr ausdünnt – Gelassenheit immer schwieriger wird. *Edvard Munchs* Bild *Der Schrei* aus dem Jahre 1893 spiegelt diese Verfasstheit eindrucksvoll wieder.

Aus der Verzweiflung zur Gelassenheit zurückzuschwingen, erscheint nahezu unmöglich, indem die Konkurrenzideologie unserer Gegenwart „Menschen erster, zweiter und dritter Klasse" produziert und deren Lebenswelten dann unmittelbar aufeinander prallen.

In der Süddeutschen Zeitung vom 10.11.2005 setzt sich *Andrian Kreye* – im Zusammenhang mit den Unruhen in Frankreich im Oktober/November 05 – mit dem „modernen Phänomen des Cool" auseinander. In dem Bericht wird die Haltung des Cool als Überlebensstrategie verdeutlicht, die es schwarzen Amerikanern erlaube, auch in der verzweifelten Lebenssituation des Ghettos nicht nur ihre Würde, sondern auch ein kulturelles Überlegenheitsgefühl zu wahren. Cool habe hier jedoch auch eine nihilistische Kehrseite, die in ihrer Ablehnung von Bildung, Arbeit und sozialem Verhalten einen zerstörerischen und selbstzerstörerischen Moment in sich berge. Diesen Nihilismus dürfe man allerdings „nicht als philosophische Doktrin verstehen, sondern als gelebte Erfahrung". Und zwar „im Kontext kultureller Gegebenheiten (...) im schwarzen Amerika". Und diese seien von „Verzweiflung, Hoffnungslosigkeit, einer beispiellosen Sinnkrise und einer unglaublichen Missachtung menschlichen Lebens und Eigentums geprägt (...)

Hoffnungslosigkeit und Sinnleere werden von den ghettoisierten Minderheiten der (französischen, E. S.) Banlieues ganz ähnlich empfunden. Und wenn eine ziellose Gegenwart zur bleibenden Realität wird, muss man auch in Zukunft damit rechnen, dass sie immer wieder aufs Neue explodiert." Die Menschen in einer solchen Situation sind demoralisiert. Und die Kriterien von Demoralisierung sind ein schwaches Kohärenzgefühl und eine brüchige Identität.

Eine Ressource zur Stützung des Kohärenzgefühles hingegen sowie auch für eine sichere Identität stellen schöpferische – hier insbesondere musikalische – Aktivitäten dar: Spiritual, Gospel, Blues, Jazz, Rock, Rap ... Musik unterdrückter Menschen.

In der Szenenkultur New Yorks entstand Ende der vierziger Jahre des vergangenen Jahrhunderts der Cool Jazz. Seine Protagonisten verstanden ihn als Gegenbewegung zu dem unruhig und aufgeregt, fast atemlos daherkommenden *Bebop*. Im Cool Jazz wurden Ruhe und Ausgeglichenheit unter anderem über Bachsche Rhythmen und Klangfigurationen angestrebt.

Die Wandlung vom Bebop zum Cool Jazz zeigte sich besonders deutlich im Trompetenspiel von *Miles Davis*. Als Neunzehnjähriger spielte er 1945 im *Charlie Parker-Quintett* noch ganz „in der nervösen Art (...), begann aber schon wenig später ausgeglichen und ‚kühl' zu blasen ..." (Joachim-Ernst Behrendt, 1991).

Das Motto „kühl" prägte umfassend den nordamerikanischen Jazz in der ersten Hälfte der fünfziger Jahre, wurde allerdings späterhin ohrenscheinlich immer mehr eine Angelegenheit von Fachleuten. Laien, bzw. „Nicht-Freaks" erlebten ihn als kalte, emotionslose und bloß „intellektuelle" Musik. So verwundert es nicht, dass auf den Cool Jazz der *Hard Bop* folgte. Es handelte sich dabei um eine Variante des Bebop, aber nicht nur nervös, sondern auch vital, saft- und kraftvoll, vielleicht sogar ein bisschen hyperaktiv. (Im Jahre 1964 wurde in den USA erstmalig Ritalin zur Behandlung von Hyperaktivität eingesetzt).

Elemente des Cool Jazz prägten dann wieder den Jazz der siebziger Jahre. Dieser Jazz ist „überwiegend cool – auch dort, wo er heiß erscheint", schreibt Joachim-Ernst Behrendt. Cool wurde stets im Sinne von relaxed, entspannt und souverän, niemals aber in einem Gegensatz zu „hot oder rhythmisch spannungsvoll" verstanden. Das Ideal war „cool zu spielen, ohne kalt zu sein".

Im Bebop zeigt sich die Nervosität der Kriegsjahre nach dem Angriff der Japaner auf Pearl Harbour. Im Cool Jazz spiegelt sich viel von der Haltung der Menschen, „die gut leben und doch wissen, dass die Wasserstoffbombe gebaut wird" (Joachim-Ernst Behrendt).

In der legendären Verfilmung des Broadway-Musicals *West Side Story* aus dem Jahre 1961 mit der Musik von Leonhard Bernstein singt – einer der Helden – Riff: „Get cool, boy …". Die heißen und aufgeregten Rhythmen der Big Band im Hintergrund verraten aber, wie es gefühlsmäßig tatsächlich um den Mit-Protagonisten dieser zeitgenössischen Romeo und Julia-Version bestellt ist.

Im Jahre 1958 heißt es in dem Pop-Song *Charlie Brown*: „… walked into the class-room cool and slow …". Hier ist dem „cool" auch etwas Provozierendes beigemixt, so wie es sich für die Pubertät gehört. Schließlich redet Charlie Brown seinen Pauker noch mit „Daddy-o" an. Aber er tut es nicht ungestraft, denn zumindestens in der deutschen Reimversion wird Charlie Brown als „Clown" diskreditiert, der sich von seinen braven Mitschülern deutlich unterscheidet.

Dreißig Jahre später wird cool weltweit *der* Prädikatsbegriff der Fünf- bis Zwanzigjährigen, er löst im deutschen Sprachraum „geil" und „das schockt" ab. Beides Begriffe, die höchste Affektintensitäten meinen (*geil*, mittel- und althochdeutsch: kräftig, üppig, sehr freudig, auch: jähzornig, ausgelassen, munter, später mit sexueller Konnotation).

Gemeint war mit „eeh, cool …" zunächst das „Lässige", das „nicht dann aufgeregt sein, wenn andere es sind", das Understatement, das in seinem Anderssein Verblüffende. Dieses individuelle Identität aufweisende Moment wandelte sich später in ein Gruppen-Zugehörigkeitsmerkmal: von den coolen Markenkleidern, -schuhen, -taschen, -skateboards bis zu den Hängehosen und den jeweiligen Frisuren. Deutlich wurde das „Charlie Brown-Motiv", nämlich die Lust zu provozieren und sich als Gruppe insbesondere von den Erwachsenen zu unterscheiden sowie die Tendenz zur Reintegration dessen, was mit der sprachlich nicht mehr akzeptierten Vokabel „schocken“ gemeint war. Ansonsten heißt „eeh, cool“ heute auch so viel wie „Klasse! Toll!“ usw.

Schon seit geraumer Zeit ist „cool“ (leider) mit dem durch Cannabis-Konsum erzeugten „being stoned“ verknüpft. Das, was die Hängehosen signalisieren, wird dann auf chemischen Wege konkretisiert: es geht mir alles am Arsch vorbei – gleich ob unzureichender Schulabschluss, fehlende Lehrstelle, Arbeitslosigkeit, Beschaffungskriminalität ...

Es stellte sich dann das Paradox ein, dass nicht mehr wie in dem Goethe-Gedicht *Der Fischer* die *Leidenschaftlichkeit* als innere Gewalt sich als potentiell zerstörerisch erweist, sondern die Leidenschafts*losigkeit*, bzw. die Motivreduktion auf den Wunsch, sich und die Umwelt nicht mehr zu spüren, „breit“ oder „being stoned“ oder, wenn man so will, ein emotionaler Zombie zu sein ...

Der Fischer gehört zu Goethes naturmythischen Gedichten, in denen die Natur bedrohlich erscheint. Dies lässt sich durchaus in einem es-haften Sinne einer menschlichen Trieb-Natur verstehen wie gut hundert Jahre später im Konzept der Psychoanalyse. Goethe schrieb das Gedicht in den Jahren 1778 oder 1779 noch als junger Mann in der Phase des Sturmes und Dranges. Kühle Eigenkontrolle hinan bis ans Herz – da wo die Leidenschaft sitzt – ist nur aus Distanz zu sich selbst heraus und bei umfassender Triebabwehr möglich. Die Eigenwahrnehmung geht nur bis an die Wasseroberfläche. Und was darunter ist, wird notwendigerweise getötet, wenn es mit der Angel hochgezogen wird. Oder es wird ins Wasser zurückgeworfen.

Mit dem unverhüllten Aufstieg der Leidenschaft aus der Unterwelt, d.h. in dem Augenblick, in dem die Abwehr versagt, kehren sich die Verhältnisse um. Der Angler verliert die Kontrolle, wird selber geangelt. „Und ward nicht mehr gesehen." Das hört sich fast wie eine Warnung an.

Goethes *Fischer* fehlt möglicherweise wie meiner Patientin Johanne ein gelassenes Verhältnis zur spontanen Leidenschaftlichkeit. Aus deren Abwehr resultiert die äußere Kühle. Diese vermittelt, so gesehen, etwas ganz anderes als Gelassenheit, nämlich Angst vor der Spontaneität und Unberechenbarkeit des Lebendigen. Nur das, was kontrollierbar an der Angel zappelt, darf aus der Unterwelt nach oben kommen, um getötet zu werden. Aus dieser Perspektive weisen der Fischer wie auch Homo faber und meine Patientin Johanne durchaus einige diagnostische Gemeinsamkeiten auf.

Nun ist es in unserer soziokulturellen Gegenwart weniger die erotisch-sexuelle Leidenschaft – Goethe selbst noch bereitete sie einigen Verdruss –, die kontrolliert werden muss. Zu dieser haben wir heute, sofern sie kindliche Schutzbedürftigkeit respektiert, zumindest vordergründig allgemein ein entspannteres Verhältnis. Es sind andere Momente aus der menschlichen „Unterwelt", die zunehmend der Kontrolle unterworfen werden, nämlich Intuition, Individualität und Eigen-Sinn. Also alles das, was Identität ausmacht und damit auch Gelassenheit ermöglicht (siehe Kap. V).

Schon in der Grundschule – vielleicht bald auch im Kindergarten? – sind an die Stelle von Lernzielen genau aufgeschlüsselte Bildungsstandards getreten. Diese müssen für jedes Kind überprüft und die Überprüfung muss dokumentiert werden, damit auch die Überprüfer, sprich Lehrer, überprüft werden können. Für Handwerksbetriebe, Beerdigungsinstitute, Krankenhäuser, Arztpraxen und weitere Institutionen der öffentlichen Wohlfahrt werden unabhängig von Meisterprüfung und anderweitigen Examina genau definierte „Qualitätsnachweise" gefordert. Erst nach deren Überprüfung erfolgt die Zertifizierung. Diese ist unter anderem auch erforderlich, um bestimmte – bezahlte – Leistungen erbringen zu dürfen. Ärztliche Therapien, die nach genauen Behandlungsvorschriften erfolgen, die von den Krankenkassen erstellt sind (disease management), sollen dem Patienten in Deutschland wirtschaftliche Vorteile bringen. In den Vereinigten Staaten, in denen Behandlung schon in weitaus breiterem Umfange als hierzulande nach diesem Muster erfolgt, bringt es den damit befassten Ärzten deutlich häufiger und früher ein Burn-out-Syndrom.

Die Motive für die öffentliche Leistungskontrolle sind schlicht. Eines davon lautet: die Mittel sind knapper, mal gucken, wie wir den mutmaßlichen Schlendrian austreiben und zu mehr „Effizienz" kommen können.

Das Menschenbild dahinter ist genauso schlicht: der Mensch ist von Natur aus sündig und faul. Sündig darf er heute sein, nur nicht faul. Eine intrinsische Leistungsmotivation (siehe Kap. VI), die sich nicht aus Kontrolle, sondern aus einem starken Kohärenzgefühl speist, taucht in diesem Menschenbild nicht auf.

Dem Dichterphilosophen Schiller ist es zu verdanken, dass er über seine *Briefe zur ästhetischen Erziehung des Menschen* auf die Bedeutung des Schöpferischen für die Entwicklung des Menschen hingewiesen hat. Im Schöpferischen haben das an die Triebnatur gebundene Temperament und Gelassenheit eine enge Wechselbeziehung zueinander. Beide gehören zu *einem* Prozess, der möglicherweise bis zur Ekstase reichende Gestaltungsakt wie auch die *Kunstpause* mit ihrem reflexiv-betrachtendem Verweilen. Dieser Prozess gründet im Spiel, über das der Mensch Freiheit erfährt, beziehungsweise sich ihm Freiräume eröffnen. Und diese Freiräume sind identisch mit den schon beschriebenen Intermediärräumen, in denen sich auch eine intrinsische Motivation entfaltet.

Das Hin- und Herschwingen zwischen den verschiedenen Ebenen hat bei Schiller eine eigene Kohärenz, bildet so eine Einheit polarer Befindlichkeiten. Natur erscheint so gesehen im schöpferischen Gestalten weniger als bedrohliche Triebnatur mit ihren gefährlichen Durchbrüchen bzw. Ausbrüchen, sondern als ein in seiner Erscheinungsform selbst gestaltbares Motivationsmoment. Erinnert sei in diesem Zusammenhang auch an die bereits genannte Bachsche Toccata und Fuge.

Indem Triebnatur nicht nur erlitten wird, sondern sich auch teilweise zumindest als gestaltbar erweist, vollzieht der Mensch eine Wandlung vom bloß erleidenden Objekt zum mitgestaltenden Subjekt. Und eben dies ermöglicht ein gelasseneres Selbst-Verhältnis: Verstehbarkeit, Gestaltbarkeit und Sinnhaftigkeit beziehen sich dann nicht nur auf die Welt und die Menschen um mich herum, sondern auch auf meine eigene „Natur“ und innere Welt. Dann ist es für mich auch leichter, eine Antwort auf die Frage zu finden: „Wer bin ich?“ Und diese Antwort zu meiner Natur und inneren Welt meint die eigene Identität, die Gelassenheit ermöglicht.

Identität und damit einhergehende Gelassenheit dürfen aber nicht bedeuten: Ich bin ich und was an Krieg, Katastrophen und Elend in der Welt sonst noch vorkommt, geht mich nichts an …

Gelassenheit schließt Empörung eben nicht aus. Sie ermöglicht vielmehr, den aus der Empörung resultierenden Handlungsimpuls planvoll und effektiv umzusetzen.

Gelassenheit und hilfreiches Handeln sind da, wo ich noch helfen kann, gut miteinander vereinbar. Ebenso ist aber auch mit Gelassenheit der Verzicht auf Aktionismus vereinbar, wo es nichts mehr zu helfen gibt – es sei denn durch meine bloße Gegenwart. Zum Beispiel durch meine Präsenz in der Nähe eines Sterbenden.

Bei dem Mystiker *Meister Eckhart* (1260 – 1327), aus dessen Denken unser heutiges Verständnis von Gelassenheit abgeleitet werden kann, heißt es dazu: „So ist es besser, einem Hungrigen Speise zu reichen, als sich derweilen in innerer Betrachtung zu ergehen. Und wäre der Mensch in einer Verzückung wie St. Paulus und wüsste einen Kranken, der eines Süppleins von ihm bedürfte, ich hielte es für viel besser, du ließest aus Liebe die Verzückung fahren und dientest dem Bedürftigen in umso größerer Liebe (...) St. Thomas lehrt, überall sei die wirkende Liebe größer als die beschauliche, wo die Liebe in Tätigkeit ausströmen lässt, was sie in der Beschauung aufgenommen hat."

Meister Eckharts Denken fußt auf der Theologie des Kirchenvaters *Augustinus* sowie auf der des *Thomas von Aquin*. Der innere sichere Ort ist für ihn der Gleichklang menschlichen Denkens und Wollens mit Gott. Meister Eckhart spricht von der *Gottesgeburt im Menschen*. Diese ermöglicht eine Gelassenheit im Sinne eines Loslassens des Materiellen, wobei es ihm in erster Linie darauf ankommt, dieses Ideal so in das Leben hineinzustellen, dass es selbst wieder Leben begünstigt. Kurz und aktuell: gemeint ist von Meister Eckhart kein bloßer Rückzug in die Innerlichkeit, sondern insbesondere auch ein aktives Weltgestalten und Handeln, ein lebendiges Interesse am Zustand unseres Planeten aus – zuvor empfangener – Liebe. Diese Grundhaltung ist den meisten Menschen unserer soziokulturellen Gegenwart als Ideal noch vertraut. Auch wenn dieses Ideal in einem scharfen Widerspruch zu der gegenwartstypischen dümmlichen und beziehungslosen „Geiz-ist-geil-Mentalität“ steht.

Mit dieser Grundhaltung ist im Hinblick auf Gelassenheit auch eine Unterscheidung zu *fernöstlichen Weisheitslehren* gegeben. In einigen Varianten des *Buddhismus* steht eher eine *Überwindung des Lebensdurstes* im Vordergrund und kein primäres Interesse am „Zustand unseres Planeten“. Man muss dabei jedoch berücksichtigen, dass ein *Ich* oder das *Selbst* in den buddhistischen Lehren ganz anders als bei uns gedacht wird. Eben nicht im Sinne einer permanenten Identität. Unser auf *jüdisch-christlichen* Denktraditionen gegründetes Identitätsverständnis ist auch heute noch vorrangig das einer einmaligen und unverwandelbaren Identität mit einer mitgedachten – bejahten, bezweifelten oder verneinten, aber eben mitgedachten – Option auf ein ewiges Leben eben dieser Identität. Dieses Identitätsverständnis zielt auch auf einen *zu verantwortenden* Umgang mit der Welt – oder im religiösen Sinne – mit der Schöpfung.

In den meisten buddhistischen Lehren ist aber das, was uns äußerlich als Identität erscheint, stets nur ein Durchgangsstadium in einer ausschließlich leidvollen Welt. Selbstlose Liebe zu *allen* Lebewesen führt zur Überwindung des *Durstes auf Leben,* ermöglicht nicht nur für den Einzelnen, sondern auch für andere das *Nirvana.* Das Nirvana ist aber nicht das *Nichts,* sondern das völlige Losgelöstsein von allem Vergänglichen und Leidvollen. Was über diese Negativ-Bestimmung hinausgeht, kann nicht gesagt werden, weil es alle Erfahrung und jeden Begriff, die ja auch vergänglich sind, übersteigt.

Kapitel X

Gelassenheit zwischen lachender Weisheit und Verzweiflung

„Von den Lebewesen lacht allein der Mensch."

Aristoteles

„Die Krankheit zum Tode ist Verzweiflung."

Sören Kierkegaard

„Existentieller Zweifel ist Ursache und Ausdruck der Verzweiflung. Der Zweifel am Sinn des eigenen Seins wendet sich gegen den Zweifler und seine Welt. Da er mit der drohenden Sinnlosigkeit kämpft, kann er nicht durch wissenschaftliche Argumente aufgehoben werden."

Paul Tillich

Der *Buddha Gautama*, der vor zweieinhalbtausend Jahren seine Heilslehre verkündet hat, ist ohne sein Lächeln auf den meisten Darstellungen seiner Person für uns gar nicht vorstellbar. Ein lautes Lachen gehört in den buddhistischen Klöstern Japans zur Tagesordnung. Allerdings erfuhr der Buddhismus, der nach Japan von China aus gelangte, auf seinem Ausbreitungsweg dahin auch etliche Wandlungen.

Im mittelalterlichen christlichen Mönchsleben war das Lachen – besonders das laute und lustvolle Lachen – als *Heiden-Spaß* verpönt. Eindrucksvoll vermittelt *Umberto Ecos* Roman *Im Namen der Rose* mönchisch-mittelalterliche

Lachfeindlichkeit: der fast blinde Mönch Jorge von Burgos wird zum Mörder, weil er verhindern will, dass das einzige Exemplar des zweiten Buches der aristotelischen Poetik weiter verbreitet wird. In diesem Buch äußert sich Aristoteles, dessen Autorität als Gelehrter bis ins Mittelalter ungebrochen war, positiv über das Lachen. Für Jorge von Burgos ist das Buch gefährlich, weil das Lachen „die Furcht tötet, und wenn es keine Furcht gibt, wird es keinen Glauben mehr geben".

Der dänische Theologe und Philosoph *Sören Kierkegaard* (1813–1855) war sehr skeptisch, ob im Christentum, in dem das Leiden so bedeutsam sei, das Lachen überhaupt einen Platz haben könne. Dennoch vermerkt er in einer Tagebucheintragung: „Humor ist auch die Freude, welche die Welt überwunden hat." Hier ist Gelassenheit im Glauben mit einem Lachen oder Lächeln durchaus vereinbar. Ob dem ansonsten eher sarkastischen bis zynisch-verzweifelten Protestanten Kierkegaard die Marienbilder vorschwebten, auf denen die Muttergottes das Jesuskind mit einem innigen Lächeln anschaut? Auch diese Bilder vermitteln, sofern sie nicht kitschig-süßlich überzeichnet sind, eine fundamentale Gelassenheit.

Mit Humor und Lachen bzw. Lächeln hatte *Zenon* (336 – 264 v. Chr.), der Begründer der *Stoa*, allerdings gar nichts im Sinn. Die Stoa ist die griechische Philosophieschule, die Gelassenheit zu ihrem großen Thema machte. Zenon, ein Kaufmannssohn aus Kition, hatte es nach einem Schiffbruch nach Athen verschlagen. In der Akademie zu Athen setzte er sich – zunächst als begeisterter Anhänger platonischer Lehren – mit philosophischen Fragen auseinander und ließ sich dann um das Jahr 305 vor Christi Geburt in Athen als Lehrer mit „eigener Schule" nieder. Wortkarg, ernst und asketisch in der Lebensführung gewann er dennoch – oder vielleicht auch gerade deswegen – einen bedeutenden Einfluss auf die athenische Jugend. Aufgrund dessen wurde er mit einem goldenen Kranz und einem Standbild in Athen geehrt. Er beendete sein Leben, als er das Nachlassen seiner körperlichen Kräfte merkte, durch einen freiwilligen Hungertod (!).

Lebensfreude, heftige Gefühle, Lachen und Humor waren mit seinem Verständnis von *Ataraxia*, d.h. Seelenruhe bzw. Gelassenheit, nicht vereinbar. Beklemmend aktuell erscheint sein unbarmherziger Umgang mit sich selbst, der keine liebevoll-stützende Begleitung, kein Suchen nach Gesundheit auch im Unvollkommenen und Kranksein ermöglicht.

Mit unseren heutigen Begriffen und psychologischen Konstrukten könnte man sagen, dass Zenon mit seiner Lehre vor allem innere Wächter gegen *Aus-Gelassenheit* etablierte (in dem Wort Ausgelassenheit steckt auch das *Gelass*: wenn das Vieh nach dem langen Winter aus dem Gelass auf die frühjahrsgrüne Weide gebracht wurde, dann wurde es *ausgelassen*. Geblieben ist von der Wortbedeutung die Bewegungslust eines springenden, hüpfenden Kälbchens oder Lämmchens). Die frühe Stoa des Zenon von Kition scheint demnach für heftige Gefühle, Ausgelassenheit und Leidenschaften keinen sicheren Ort, kein Gelass darzustellen, sondern vielmehr ein *Verlies*.

Anders sieht es bei *Aristoteles* (384–322 v.Chr.) aus: Für diesen sind Gefühle von grundlegender Bedeutung, gehören zu einem gelingenden und zufriedenen Leben.

Er bestreitet allerdings nicht, dass Gefühle in einer schädlichen Form „überkochen“ können, wenn der Mensch zu schwach sei, um sie in geeigneter Form zu gestalten und darzustellen. Gleichzeitig vertritt Aristoteles die Meinung, dass der Mensch lernen könne, seine Gefühle zum richtigen Zeitpunkt auf die richtige Art und Weise und am richtigen Ort zu äußern. Wenn man so will, war Aristoteles der erste Denker, der so etwas wie eine Theorie der Gelassenheit und Gefühlsregulierung entwickelt hat. Die *rechte Mitte*, welche er als Tugend rühmt, liegt bei ihm zwischen Feigheit und Verwegenheit: *Mannesmut*, der durch Selbsterziehung erlangt werden könne.

Gelassenheit im Sinne der Ataraxia sieht Aristoteles als ein entscheidendes Ziel in der menschlichen Selbstentfaltung an. Dafür gilt es, *das Extreme* zu meiden. Zugleich kann der Mensch von den heftigen Affekten, die ihm so oft einen Streich spielen, *gereinigt* werden, indem er sich Theater-Tragödien anschaut. Die Tragödien dienen Aristoteles dazu, *den Schlaffen anzuspornen* und *den zu Heftigen zu dämpfen*. Das Spannende bei Aristoteles ist, dass er nicht nur theoretische Empfehlungen ausspricht, sondern in seiner *Poetik* auch konkrete Wege – gewissermaßen im Sinne einer Lebenshilfe – zur Gelassenheit aufzeigt.

Aristoteles hat seine Poetik leider nicht weiter entfaltet, bzw. liegt davon nur ein fragmentarischer Band vor. Dieser stellte gewissermaßen ein Vorlesungs-Skript dar. Es gibt ernstzunehmende Meinungen, dass die geistige Entwicklung des Abendlandes ganz anders verlaufen wäre, wenn Aristoteles seine Poetik weiter entfaltet hätte, bzw. wenn möglicherweise vorhandene Schriften nicht verloren gegangen wären. Insofern handelt es sich bei dem historischen Krimi *Im Namen der Rose* nicht nur um ein prächtiges Phantasiegebilde. Der philosophiegeschichtliche Hintergrund ist durchaus stimmig – auch wenn es in Aristoteles' Poetik um mehr als um das Lachen geht.

Durchaus in der Nähe der aristotelischen Überlegungen zu den Affekten sind die Texte des bedeutendsten Vertreters der *Spätstoa, Seneca* (4 v. Chr. – 65 n. Chr.), angesiedelt. Seneca unterschied zwischen der Wahrnehmung der eigenen Gefühle und dem leidenschaftslosen Handeln. Die Gefühle sollten einerseits nicht verbannt werden, andererseits aber auch auf das Handeln selbst keinen unmittelbaren Einfluss haben. Vorausgehen sollte dem Handeln stets eine gedankliche Durchdringung der Handlungsentwürfe.

Die Philosophie des Seneca scheint umso bemerkenswerter, als er in seinem Leben nur wenig Grund zum Lachen hatte, er immer wieder auch von heftigen und bedrohlichen Asthmaanfällen gequält wurde.

Schon unter dem grausamen und unfähigen römischen Kaiser *Caligula* – der später von seinem eigenen Leibwächter ermordet wurde – war sein Leben ernsthaft bedroht. Die Hinrichtung unterblieb lediglich, weil man den halbblinden Asthmatiker ohnehin schon für einen Todeskandidaten hielt. Später wurde er auf eine Verleumdung hin nach Korsika verbannt. Nach acht Jahren wurde er von *Agrippina der Jüngeren*, der Ehefrau des Kaisers *Claudius*, wieder zurückgerufen. Agrippina – die späterhin ihren Ehemann Claudius ermordete – betraute Seneca mit der Erziehung ihres damals elfjährigen Sohnes *Nero*. Nero wiederum ermordete seine Mutter Agrippina. Im Jahre 65 n. Chr. musste Seneca dann auf Befehl des Kaisers Nero durch Suizid aus dem Leben scheiden.

Vor diesem Hintergrund ist nachzuvollziehen, dass Seneca viele philosophische Überlegungen darauf verwandte, wie dem Tod der Schrecken genommen werden könnte:

- Der Philosoph ist zwar seinem Körper verhaftet, beschäftigt sich aber in seinem Geist, seinem eigentlichen Ich, mit Höherem; er betrachtet sein irdisches Leben wie einen Militärdienst, zu dem er durch Fahneneid verpflichtet ist. Er lebt ohne Liebe zum Leben, aber auch ohne Hass auf das Leben, weil er weiß, dass es Größeres gibt. Den Tod sieht er entweder – mit Epikur – als Ende der körperlichen und seelischen Existenz (finis) oder als ein Einbezogenwerden in den ständigen Kreislauf des ständigen Entstehens und Vergehens, also in eine andere Daseinsform (transitus) an.

- Ob ein Leben erfüllt ist, hängt nicht von seiner Länge ab: ein kurzes kann genügen, ein langes hat unter Umständen noch nicht einmal begonnen.

- Seneca widerspricht ausdrücklich den Philosophen, die den Suizid deshalb verbieten, weil er von der Natur so nicht vorgesehen sei. Diese Philosophen verschlössen dem Menschen den Weg in die Freiheit; denn die Natur habe zwar nur einen Eingang ins Leben, aber viele Abgangsmöglichkeiten gegeben. Sie halte keinen im Leben zurück.

Doch Seneca befürwortet nicht jeden Suizid. Er dürfe nicht aus einer Laune, aus einem Impuls heraus geschehen, sondern müsse ein „wohlüberlegter Abgang" sein. Auch müsse man so lange leben, wie man gebraucht werde, zum Beispiel, wenn Verwandte und Freunde ein Weiterleben verlangten.

Senecas Leben war ständig bedroht. Trotz aller Verzweiflung, die er durchgemacht haben muss, schimmert in seiner Philosophie immer wieder Lebensbejahung auf, so zum Beispiel indem er ausdrücklich menschliches Aufeinanderbezogensein mit in seine Überlegungen hineinnimmt. So mag er aus heutiger Perspektive in seiner Verzweiflung nicht so einsam wie der Begründer der Stoa, Zenon, einige Jahrhunderte zuvor gewesen sein.

Gelassenheit im Sterben?

Den Suizid Zenons habe er nie als bloße Philosophiegeschichte lesen können. Auch wenn er wisse, dass man die seelischen Verfasstheiten der Menschen, die vor 2300 Jahren lebten, nicht ohne weiteres in unsere Gegenwart projizieren dürfe, so habe ihn dennoch dieser lebensfeindliche Umgang eines offensichtlich einsamen und bindungsschwachen Menschen mit sich selbst immer wieder zutiefst erschreckt. So äußerte sich ein ärztlicher Kollege anlässlich eines Werkstattgespräches zum Thema Suizidverhütung. Überhaupt sei für ihn die schrecklichste Variante von Gelassenheit die paradox erscheinende Gelöstheit, die sich bei einem Menschen vor einem Suizid zeigen könne. Der Kollege erinnert an unsere Patientin Frau A. – die wir alle sehr sympathisch fanden – und deren Suizid uns besonders erschüttert hatte. Das Team brauchte damals viel Zeit, um zu seiner eigenen Mitte wieder zurückzukehren. Wir alle hatten gemeint, dass Frau A. aus ihrer Verzweiflung über ihr Sinnlosigkeitsempfinden bereits herausgefunden hatte. Sie schien sehr zuversichtlich, ihrem Mann in dem geplanten Partnergespräch vermitteln zu können, warum sie so lange schon auf Distanz zu ihm war, ihr es bald schon seit zwei Jahren nicht mehr möglich gewesen war, ihm und auch den beiden Kindern –

diese waren ein Jahr, bzw. drei Jahre alt – Gefühle der Zuneigung zu zeigen. Obgleich sie sich von allen Dreien sehr geliebt wusste.

Die letzten drei Tage, bevor Frau A. verschwand, wirkte sie überhaupt nicht mehr depressiv gestimmt, vielmehr zeigte sie sich gelöst und entspannt. Frau A. hatte keinen Abschiedsbrief hinterlassen. Nach der erfolglosen intensiven Suchaktion zeigte sich bei vielen im therapeutischen Team außer der Angst um Frau A. eine existentielle innere Leere, ein Gefühl des Ausgehöhltseins, verbunden mit Zweifeln am eigenen Tun. Es waren vermutlich Empfindungen, die denen von Frau A. ähnelten und die sie in den Suizid getrieben hatten.

Frau A. wurde ein halbes Jahr später in einer Art Versteck im Wald wiedergefunden. Die kriminaltechnischen Untersuchungen bestätigten den Suizidverdacht.

Was wir von Frau A. wussten, war, dass sie gleich nach ihrer Geburt ihre leibliche Mutter verloren hatte. Ihre ersten drei Lebensjahre blieben in ihrer Erinnerung weitgehend dunkel, waren aber, soweit rekonstruierbar, mehr von Schrecknissen und Entborgenheit geprägt als von Lächeldialogen und liebevoller Zuwendung. Ihre Pflegeeltern, zu denen sie mit drei Jahren kam, bemühten sich wohl sehr um sie, vermittelten ihr aber auch – nach ihrem Erleben – ein *ständiges Müssen*. Eigene Entscheidungen und eigene Interessen gab es kaum. Am schlimmsten war dabei die von ihr so empfundene ständige Erwartung der Eltern, auch noch Freude und Dankbarkeit zu zeigen.

Ihre Krankheit zum Tode begann vermutlich in der Begegnung mit ihren eigenen Kindern, indem sie feststellte, dass sie nicht so glücklich lächelnd wie ihr Mann auf die Kinder reagieren, sie diese nicht als Geschenk –

für das man Dankbarkeit zeigen sollte – empfinden konnte. Erst als für sie klar war, dass sie nichts mehr musste, konnte sie wieder lächeln. Ihr Preis dafür war ihr Tod. Für den sie sich aber *selber* meinte entschieden zu haben.

Der Glaube birgt die empirisch fassbaren Lächeldialoge

Im weiteren Gesprächsverlauf wurden auch transgenerationale Gesichtspunkte zu der Tragik von Frau A. angesprochen: Stimmungsmäßige Verfasstheiten der Eltern färben auf die Kinder ab, auch wenn die Eltern dies gar nicht wollen oder meinen, dass ihre Kinder nicht bemerkten, wie es um sie bestellt sei. In den *Buddenbrooks* von *Thomas Mann* erlebt der kleine Hanno, wie sein Vater Thomas anlässlich einer Besuchsreise schauspielert, eine Lächelmaske aufsetzt, um seine wahre Stimmungslage zu verheimlichen:

„Er sah nicht nur die sichere Liebenswürdigkeit, die sein Vater auf alle wirken ließ, er sah auch – sah es mit einem seltsamen quälenden Scharfblick, wie furchtbar schwer sie zu *machen* war, wie sein Vater nach jeder Visite wortkarger und bleicher, mit geschlossenen Augen, deren Lider sich gerötet hatten, in der Wagenecke lehnte, und mit Entsetzen erlebte er es, dass auf der Schwelle des nächsten Hauses eine Maske über ebendieses Gesicht glitt, immer aufs Neue eine plötzliche Elasticität in die Bewegungen ebendieses Körpers kam."

Das quälende Pflichtbewusstsein, der Befehl, sich der Familientradition zu unterwerfen, färbt auf Hanno ab. Innerlich rebelliert er, sich in die Familientradition zu stellen, sein Erbe anzutreten, er weiß jedoch, dass es kein

Entrinnen gibt. Hanno stirbt an Typhus, weil – wie es Thomas Mann formuliert – „die Stimme des Lebens" nicht laut genug in ihm rief. In unserer Formulierung: weil weder Identität noch Kohärenzgefühl mit der Teilkomponente der Sinnhaftigkeit in ihm stark genug ausgeprägt waren.

Wenn Eltern – auch Pflegeeltern – ihren Kindern begegnen, so färbt auch *deren* Gelassenheit, bzw. deren Nicht-Gelassenheit auf die Kinder ab.

Grundlage der Gelassenheit sind – wie schon erwähnt – die Lächeldialoge, die als Lächelgeschenke ebenfalls *transgenerational* weitergereicht werden. Allerdings können die Lächelgeschenke bei der Weitergabe beschädigt werden. Und zwar durch existentielle Krisen, die den Eltern, die ihnen ausgeliefert sind, das Lächeln vergehen lassen können – so wie Thomas Buddenbrook.

Hier erweise sich dann – so ein weiterer Kollege aus der Fortbildungsrunde – eben das als bedeutsam, von dem die Neurobiologie nichts wisse, Aaron Antonovsky mit dem Konstrukt des Kohärenzgefühles aber sehr wohl wusste: Nämlich sich von Gott mit all seinen Gefühlen, Impulsen und Bedürfnissen *erkannt* und angenommen wissen, kann den Eltern helfen, die Lächelgeschenke durch Krisen hindurch ohne größere Beschädigungen weiterzugeben.

Als Christ könne ich meinem Tod – zu welchem Zeitpunkt auch immer ich an diesen denken würde – schon mit einer gewissen Grundgelassenheit entgegensehen, d. h. zu dem inneren sicheren Ort zurückschwingen. Dies sage allerdings nichts darüber aus, wie ich mich dann in meinem Sterben tatsächlich erleben und verhalten, d. h. wie weit entfernt ich mich von diesem sicheren

Ort erleben würde. Es gebe eben viele Fragen, für die sich keine Vorwegantworten finden ließen. Diese könnten wir nur im gegebenen Augenblick durchleben oder durchleiden ... Wichtig sei aber seiner Meinung nach, so der Kollege, dass wir uns auch im Sterben geliebt wüssten und dies in unserem inneren sicheren Ort als Gewissheit hinterlegt sei. Dann sei es auch nicht zwangsläufig notwendig, dass diejenigen, von denen wir uns geliebt wüssten, sich ständig in unserer räumlichen Nähe befänden. Wichtig sei die Sicherheit: es wird schon jemand nach mir schauen!

Wir finden hier durchaus ein ähnliches salutogenetisches Grundmuster, wie es bereits für das Krankheitserleben eines Kindes beschrieben worden ist. Auch im Sterben kann ich immer noch einen letzten verbliebenen Rest an Gesundheit in mein Erleben hineinnehmen. Es kann das Sterben leichter machen. Aber ob damit auch Gelassenheit in dem Sinne möglich ist, dass ich das Leben, das mir geschenkt worden ist, nicht aus Verzweiflung – wie Frau A. – loslasse, sondern aus einer dankbaren und bejahenden Stimmung heraus für ein sinnerfülltes Leben, muss offen bleiben ...

Aaron Antonovskys Kommentar zu diesem Thema lautet: „Wir sind alle ‚hoffnungslose' Fälle mit einer sehr schlechten Prognose, da wir mit Sicherheit früher oder später sterben werden, aber wir sind auch, solange noch etwas Leben in uns ist, in gewissem Maße gesund".

Antonovsky weist insbesondere auf die scheinbare Paradoxie hin, dass die Hereinnahme des Todes in unser Bewusstsein zu einer Auseinandersetzung mit der Sinnfrage führe, worüber wiederum das Kohärenzgefühl und – in unserem Zusammenhang – Gelassenheit gefördert werden könnten.

Durchlebte Todesnähe wie im Krieg, bei Katastrophen und Krankheit kann, sofern sie nicht zu traumatisierend wirkt, durch eine veränderte Sinnperspektive als Folge zur Gelassenheit führen. Ebenso aber auch ein reflektierendes Eingedenksein der eigenen Sterblichkeit: memento mori.

Kapitel XI

Den Sinn in der Zeitlichkeit bergen

„Die technischen Geräte wie auch die Wirtschaft sind auf Endlosigkeit hin ausgerichtet. Wir kennen beispielsweise kein Ende des Wachstums oder des Fortschritts (...), der Mensch (wird) dazu verführt, so zu leben, als sei er endlos. Das aber ist eine Illusion, denn ohne Ausnahme sterben wir. Damit muss man leben. Das aber bedeutet: Man kann immer nur einen Ausschnitt dessen leben, was man leben könnte. Man muss also gezielt verzichten, weil man das ganze Leben mit allen Möglichkeiten und Angeboten nicht leben kann. Mit dem Zeitlichen kann man sich letztlich nur versöhnen, wenn man sich mit der Tatsache des eigenes Todes versöhnt. Nur jemand, der vom Ende der eigenen Zeit aus denkt und handelt, kann vernünftig und sinnvoll mit der Zeit umgehen."

Karlheinz A. Geißler

Im Jahre 1970 führte Antonovsky in Israel eine Untersuchung zur Gesundheit von Frauen durch, die den Schrecken und das Entsetzen von Verfolgung, Inhaftierung und Konzentrationslagern überlebt hatten. Diese Frauen waren im Kindes- und Jugendalter schwersten Traumatisierungen ausgesetzt gewesen; 71 % berichteten als Folge dessen über deutliche seelische und körperliche Beeinträchtigungen ihrer Gesundheit. Dies war auch zu erwarten gewesen und daher nicht weiter verwunderlich. Was Antonovsky vielmehr beschäftigte, war die Frage, warum 29 % der Frauen trotz der massiven Belastungen dennoch bei relativ guter Gesundheit waren. Diesen Wechsel in der Perspektive bezeichnete er rückblickend als die entscheidende Wende in seiner Arbeit, aus der heraus er dann auch sein Konzept vom Kohärenzgefühl entwickeln konnte.

Von den drei schon genannten Komponenten des Kohärenzgefühles, nämlich der Verstehbarkeit, Handhabbarkeit und Sinnhaftigkeit hat letztere für Antonovsky den größten Einfluss auf das Kohärenzgefühl. Es waren insbesondere *Viktor Frankls* Gedanken, von denen er in diesem Zusammenhang beeinflusst wurde.

Der Arzt und Psychotherapeut Viktor Frankl (1905–1997) hatte als österreichischer Jude selber die Schrecken der Verfolgung und Inhaftierung sowie das Grauen des Konzentrationslagers durchgemacht und überlebt. Sein therapeutisch-philosophisches Konzept ist von seiner eigenen Lebensgeschichte stark beeinflusst worden. Für ein sinnhaftes Leben steht bei ihm nicht der Erfolg, sondern *die Erfüllung* im Vordergrund. Erfüllung ist von äußerem Erfolg – materiell, Prestige – oder Misserfolg weitgehend unabhängig. Sie ereignet sich vorwiegend auf der Ebene personaler Begegnung und Beziehung. Gegenpol zur Erfüllung ist die Verzweiflung. Äußerer materieller Erfolg schließt Verzweiflung nicht aus, wie die Krankengeschichte von Frau A. zeigt, die sich trotz ihres beruflichen Erfolges suizidierte.

Auf die Spitze getrieben hieße das in unserem Salutogenesemodell: Gesundheit ist auch noch im Sterben, Sterben ist bereits im vollen Leben möglich. Verzweiflung ist, wie Kierkegaard sagt, die Krankheit zum Tode. Und Erfüllung wäre die Gesundheit zum Leben.

Indem Antonovsky in sein Konzept der Salutogenese den Tod hineinnimmt, ihn eben nicht von vornherein als den „schlimmsten Fall“ deklariert, sondern als Notwendigkeit im Hinblick auf Sinnfindung und Erfüllung, bricht er ein Doppeltabu:

Die Sinnfrage ist uns peinlich, sobald mit ihr die Grenze überschritten wird, die die Frage nach Zweck und Nützlichkeit unseres Handelns von der nach dem Sinn unserer Existenz trennt. Diese Grenzüberschreitung kann sich unmerklich ereignen, indem wir den Sinn-Zusammenhang unserer Lebensgeschichte zu erschließen versuchen, wir gewissermaßen von einem Kapitel zum anderen weiter fragen. Und das letzte Kapitel ist immer das vom Tod, in dem die Sinnfrage in greller Absurdität erscheinen mag. Zumindest gibt es darauf keine (natur)wissenschaftliche Antwort.

Albert Camus (1913–1960), existentialistischer Dichterphilosoph, setzt sich mit dieser Absurdität in seinem Werk auseinander: Spätestens nach Auschwitz und Hiroshima ist der Mensch fremd in dieser Welt. Die Sinn- und Hoffnungslosigkeit im Schatten des Todes kann mit der Vernunft nicht durchdrungen, muss einfach hingenommen werden. Aus salutogenetischer Sicht hieße das, dass die Menschen verzweifelt und demoralisiert sind, ihr Kohärenzgefühl brüchig ist. Die einzige Möglichkeit dennoch „gesund“ leben zu können, scheint in der Verleugnung des Todes gegeben zu sein. Mit welchen Mitteln heute auch immer: Fitnessideologie, Erfolg, Erlebniskonsum und Reisen, Wissenschaftsgläubigkeit („mit der Gentechnologie werden wir den Tod überwinden“) und Rauschmitteln aller Art. Camus setzte gegen die Verleugnung die Würde des Menschen. Seine Einsicht in die tragische Absurdität des Daseins hinderte ihn nicht, *dieses Dasein zu bejahen bis in sein Leiden*. Sein *dennoch* hat aber keine Rückversicherung in Gott oder einer allgemein waltenden Vernunft:

„Während Rieux den Freudenschreien lauschte, die aus der Stadt empordrangen, erinnerte er sich nämlich daran, dass diese Fröhlichkeit ständig bedroht war. Denn er wusste, was dieser frohen Menge unbekannt war und was in den Büchern zu lesen steht: dass der Pestbazillus niemals ausstirbt oder verschwindet, sondern jahrzehntelang in den Möbeln und der Wäsche schlummern kann, dass er in den Zimmern, den Kellern, den Koffern, den Taschentüchern und den Bündeln alter Papiere geduldig wartet und dass vielleicht der Tag kommen wird, an dem die Pest zum Unglück und zur Belehrung der Menschen ihre Ratten wecken und erneut aussenden wird, damit sie in einer glücklichen Stadt sterben". *(Die Pest, 1950)*

Das *dennoch* bei Camus meint ein *Nicht-Einverständnis* mit dem Gegebenen: „Wir können vielleicht nicht verhindern, dass in dieser Schöpfung Kinder gefoltert werden. Aber wir können die Zahl der gefolterten Kinder verringern."

Heute werden Camus und der philosophische Existentialismus von der akademischen Philosophie eher belächelt. Dem entsprechend wird auch Viktor Frankl in der akademischen „main-stream"-Psychologie vergleichsweise selten zitiert. Die Sinnfrage ist augenscheinlich wegen der damit verknüpften Unmöglichkeit, zu (natur-) wissenschaftlichen Ergebnissen zu kommen, derzeit kein akademisches Thema. Auch in der Literatur zur Salutogenese wird Sinn eher in der Bedeutung von Zweckmäßigkeit oder allenfalls als Sinnzusammenhang der Lebensgeschichte reflektiert, aber nicht als Thema einer existentiellen Entscheidung. Überwiegend ist nur eine ironische oder abwertende Annäherung möglich: „Sinnhuberei".

Diese distanzierte Betrachtung der Sinnfrage mag verschiedene Gründe haben:

- Sinnverschreibungen durch Ideologien im 20. Jahrhundert lassen uns – sinnvollerweise (!) – allergisch auf Sinnempfehlungen oder -befehle reagieren.

- In der Konkurrenzideologie der Gegenwart klingt die Sinnzuordnung Viktor Frankls besonders schrill: „Menschsein heißt, immer schon über sich selbst hinaus und auf etwas gerichtet sein, das nicht wieder es selbst ist, auf etwas oder auf jemanden, auf einen Sinn, den es erfüllt, oder auf anderes menschliches Sein, dem es liebend begegnet."

- Besonders peinlich ist in der weit verbreiteten methaphysischen Obdachlosigkeit unserer Zeit der Verweisungszusammenhang der Sinnfrage – als Frage nach Gott.

Unbeschadet dessen besteht ein starkes Bedürfnis nach Sinn-Erfüllung, wie zum Beispiel die Sekten-Abhängigkeit von Jugendlichen und die Verkaufsauflagen esoterischer Schriften zeigen.

Für Frankl „ist das menschliche Sein immer schon ein Sein auf den Sinn hin". Und „es war nicht zuletzt die Lehre, die ich aus Auschwitz und Dachau mit nach Hause nehmen konnte: dass diejenigen noch am ehesten fähig waren, sogar noch solche Grenzsituationen zu überleben, die ausgerichtet waren auf die Zukunft, auf eine Aufgabe, die auf sie wartete, auf einen Sinn, den sie erfüllen wollten."

Frankls Sinnorientierung ist weitgehend vor einer Unterwanderung durch eine sinnversprechende, zugleich aber auch gewalttätige Weltanschauung oder Ideologie geschützt, indem immer wieder das Mitfühlende, Dienende und das allgemein der Menschlichkeit Verantwortete betont wird. Hier ist Frankl sehr nahe an Camus. Dieser verfolgt ähnliche Ziele – allerdings ohne metaphysische Letztbegründung.

Frankls Sinnorientierung eignet sich daher weder zur Durchsetzung von Herrschaftsinteressen noch zum Ausschalten und Niedermachen von Konkurrenz. Hingegen haftet einer solchen Sinnorientierung etwas ganz Altmodisches an. Sie verweist konkret auf die Würde des Menschen. Damit ist jedoch kein verstaubtes, zwischen Erhabenheit und Lächerlichkeit balancierendes Gebaren gemeint, sondern eher eine erlöste Gelassenheit – auch gegenüber Leid, Verlust, Krankheit und Tod. Diese erlöste Gelassenheit bleibt gleichwohl gegenüber mitmenschlichem Leiden nicht indifferent, kann – wo es möglich und sinnvoll ist – Aktion und Empörung in ihren Weltentwurf integrieren: „Ich empöre mich, also sind wir" (Camus).

Diese – von Frankl gelebte – Haltung ist augenscheinlich jedoch „nur möglich in einem transzendenten Sinnbezug, zumindest in einem Bezug auf ein absolutes und als solches akzeptiertes Reich der Werte" (P. Polak, 1957: Zum Problem der noogenen Neurose).

Hier unterscheidet sich Frankl von Camus, der eine Letztbegründung menschlichen Handelns in Gott oder ein allgemeines Sittengesetz nicht akzeptiert. Menschenliebe und Gerechtigkeit ergeben sich für ihn aus der konkreten Begegnung mit dem leidenden Menschen. Diese Begegnung lässt gegen die Absurdität des Todes *revoltieren* – ohne Rückgriff auf Transzendenz.

Camus ist von seinen Lesern der Kriegs- und Nachkriegsgeneration geliebt worden. Und es waren seine „Geschichten" – Dramen, Essays, Erzählungen –, über die sich die Menschen mit ihrer größtmöglichen Kränkung, nämlich dem Tod ohne Gott, verstanden wussten.

Und noch an anderer Stelle hat der philosophische Existentialismus in der Reflexion der Sinnfrage angesichts der grellen Absurdität des Todes seinen guten – und auch „akademisch anerkannten" – Ort: in der erzählenden Literatur zum Beispiel von *Kafka* und der Lyrik zum Beispiel von *Rilke*.

Die Sinnfrage lässt in dem Zusammenhang mit dem Tod den Menschen nicht los, auch wenn sie derzeit kein (natur-) wissenschaftliches Thema ist oder sein kann. Von daher erscheint es mir nicht als übertrieben, die Sinnthematik in dem salutogenetischen Konzept Antonovskys als möglichen Sprengstoff für unser ausschließlich an „Fakten" orientiertes medizinisches Denken zu bezeichnen: Antonovsky beruft sich ausdrücklich auf Viktor Frankl, bei dem die Beantwortung der Sinnfrage angesichts des Todes als radikale und existentielle Entscheidung beschrieben wird.

Diese Entscheidung als Sinnfindung ist radikal, indem sie von der Wurzel (radix, lat.) des Verweisungszusammenhanges ausgeht, das heißt vom *Glauben*, bei dem ein *kausales* Weiterfragen *nicht mehr möglich ist*. Am Ende jedes Fragens steht der Glaube, auch als Nicht-Glaube. Damit wird von einem Sein ausgegangen, das in sich selbst begründet ist, also nicht mehr der Sinngebung außerhalb seiner selbst bedarf.

Die *Ersterfahrung* eines Sinnes ist in jedem menschlichen Leben mit der Geborgenheit möglich, die ein Kind erlebt, in der es mit seiner Existenz als einer sinnvollen Existenz begrüßt und bejaht wird. Diese Erfahrung ermöglicht eine Ahnung von einem Sinn, der, so gesehen, immer schon etwas Geschenktes darstellt und nicht vermöge der eigenen Leistungsfähigkeit erworben wird. Alles gelingende menschliche Sein beginnt in Geborgenheit, „in nicht zuerst erworbener, sondern geschenkter Beziehung, findet sich in Heimat vor, in der es wertgehalten wird, in der es sich erfährt als bedeutungsvoll für anderes Sein, als bejaht und wichtig" – so, wie schon erwähnt, Helmut Gollwitzer.

Dasselbe meint Antonovsky, wenn er sagt: „Spiel, Berührung, Zuwendung und Stimmen drücken in unendlicher kultureller Vielfalt aus: ‚Du bist uns wichtig'".

Das als wichtig „bejahte Sein" erweist sich als frühes Sinn-Geschenk. Es ermöglicht eine Ahnung von dem, auf das wir dann unsere Aufmerksamkeit richten können, wenn wir uns auf eigenständige Sinn-Suche begeben.

Sinnsuche vollzieht sich dialogisch. Im äußeren Dialog mit einem konkreten Du und im inneren Dialog mit mir selbst als Gegenüber. Beide Dialogformen setzen voraus, dass wir dialogfähig und nicht einem inneren Diktator unterworfen sind, der ständig nur sagt: „immer noch nicht gut genug, könnte noch besser sein ..." Der innere Dialog schließt auch ein *befragbares Gewissen* mit ein.

Entscheidend für eine sinnhafte Existenz und ein erfülltes Leben ist vom Anfang bis zum Ende die personale Beziehung, die dialogische Begegnung mit einem Du. Vor diesem Hintergrund kann sich Gelassenheit entwickeln.

Damit ist jedoch kein Dauerzustand gemeint, sondern wie schon bei Aristoteles die Fähigkeit, zur eigenen Mitte zurückkehren zu können. Wenn mir also der Kragen platzt, ich aus der Haut fahren könnte, mich der Schreck erstarren lässt, mir die Knie weich werden, die Spucke weg bleibt, die Leidenschaft mich überwältigt, die Tränen nur so kullern oder ich vor Lachen platzen könnte, dann schließt all das Gelassenheit als Grundkonzept meines Lebens nicht aus. Gelassenheit ist so gesehen immer ein Weg zurück zu dem verinnerlichten sicheren Ort. Immer wieder brauchen wir aber auch Hilfe, um diesen Weg, wenn er verschüttet worden ist, wieder zu entdecken. Gelassenheit und das Kohärenzgefühl als Grundlage von Gesundheit in dem Salutogenesemodell von Antonovsky haben vieles gemeinsam. Sie erschließen sich uns über die Intermediärräume des spielerisch-schöpferischen Dialoges oder des dialogischen Spiels. Und das heißt auch, über das Lachen und Singen, das Tanzen, Toben und Turnen, das Klettern, Laufen und Hüpfen, das Basteln, Schreiben, Erzählen und Malen, ebenso auch über die Stille des Tagträumens, des Lächelns und der leisen Töne …

Kapitel XII

Den zunehmenden Reichtum an Gelassenheit entdecken und verschenken

„Wir sind alle sterblich. Ebenso sind wir alle, solange noch ein Hauch von Leben in uns ist, in einem gewissen Ausmaß gesund. (...) Diejenigen, die nach unserer Einteilung ein starkes Kohärenzgefühl hatten, sprachen immer von Lebensbereichen, die ihnen wichtig waren, die ihnen sehr am Herzen lagen ..."

Aaron Antonovsky

Nein, als Patient fühle er sich eigentlich nicht, meinte mein liebenswürdiges Gegenüber, das trotz seines Geburtsdatums nicht wie ein „etwas älterer Herr" wirkte. Willi – nennen wir ihn mal so – lächelte mich mit einer entschuldigenden Geste an. Die Zeit wolle er mir nicht rauben, aber er brauche schon so etwas wie eine erste Orientierungshilfe: „Mit meinem Lebensalter verknüpft man ja allgemein Weisheit, Güte, Gelassenheit und Humor. Manchmal entdecke ich auch so etwas in und an mir. Dann könnte ich aber wieder aus der Haut fahren, explodieren oder – jetzt lächelte Willi etwas verschämt – eine Frau spricht mich so an, dass ich noch lange die lebhaftesten Phantasien entwickele, selbst wenn sie vierzig Jahre jünger ist als ich ..." Willi schwieg. „Ist es so", fragte ich, „dass Sie eine Differenz darin erleben, wie Sie in Ihrem jetzigen Lebensalter meinen sein zu sollen und wie Sie sich zwischendurch immer wieder tatsächlich fühlen?“

„Das schon …, aber nicht nur das. Mir ist ja schon klar, dass es *das* Alter als fest definierte dritte Lebensphase nicht gibt, die Schwankungsbreiten zwischen Vitalität und Einschränkung durch chronisches Leiden sehr groß sind … Aber, sehen Sie“, fuhr Willi fort, „als Kriegskind habe ich wohl das *du musst* verinnerlicht. War damit, äußerlich gesehen, auch ganz erfolgreich. Jetzt im sogenannten Ruhestand sagt mir kein anderer mehr so schnell *du musst,* das kommt nun mehr aus mir selbst von innen her. Sogar wenn ich die Phantasie habe, mit einer tollen Frau auf eine Südseeinsel durchzubrennen, meldet sich das innerliche *du musst* und zwar als ‚du musst das tun, sonst versäumst du die Erfüllung deines Lebens‘“.

Mir dämmerte es. „Das könnte heißen, es gibt seit Jahrzehnten so etwas wie eine innere Besatzungsmacht in Ihnen, die als solche aber gar nicht mehr so schnell erkennbar ist, die Ihnen aber gerade deswegen kaum die Freiheit lässt, sich auf die Suche nach *eigenen* Inhalten begeben zu können. Und wenn Sie diese Besatzungsmacht los wären, dann könnten Sie vielleicht auch Ihrem eigenen Temperament gegenüber gelassener sein …“ Willi nickte zunächst zustimmend mit dem Kopf, sah mich dann aber wieder fragend an. „Und was nun?“

Irgendjemand – in mir selbst – schmunzelte. Dann lachte ich etwas: „Ich werde Ihnen wohl kein Rezept darüber ausstellen können, was Sie nun tun *müssen*. Ich werde Ihnen aber auch nicht sagen, das *musst* Du selber wissen. Mir fällt da vielmehr der Philosoph Hans-Georg Gadamer ein, der mit geistiger Frische und großer Gelassenheit 102

Jahre alt geworden ist. Mit neunzig Jahren vertrat Gadamer in einem *Zeit*-Interview die These *Im Alter wacht die Kindheit auf.* Aus meinen Therapieerfahrungen heraus kann ich das nur bestätigen, obschon es auch gegenläufige Entwicklungen gibt. Man denke nur an die Großinquisitoren, Geizhälse und Moralapostel – meistens dann männlichen Geschlechts – die im Alter eben nicht freier und gelassener werden, sondern ihre moralischen und weltanschaulichen Konzepte ohne Toleranz und vor allen Dingen ohne Dialogfähigkeit als ein *Muss* verfolgen. Solche Menschen halten in der Regel auch nicht viel von Spiel und Dialog. Aber vielleicht haben Sie ja die Chance, mit ihren Enkelkindern zusammen – im Spiel und Dialog – diese innere Besatzungsmacht für sich selbst etwas besser erkennbar werden zu lassen. Dann werden Sie möglicherweise von dieser auch nicht mehr so schnell überrumpelt. Sie hätten dann die Chance, sich in inneren und äußeren Dialogräumen auf die Suche nach dem zu begeben, was Sie als Ihr Eigenes anerkennen könnten, also das, was Ihren *Eigen-Sinn* ausmacht. Nach der Trotzphase und der Pubertät ist das Alter die *dritte Chance,* zu einem Eigen-Sinn zu kommen. Die Freiheit im Spiel, in dem es eben nicht auf das Ergebnis, den Sieg, ankommt, sondern auf das gemeinsame Tun, über das sich jeder nach *seinen* Möglichkeiten entfalten kann, entmächtigt diesen inneren Besatzer."

Willi sah mich etwas skeptisch an: „Das hört sich reichlich nach Schiller an – und das soll funktionieren?"

„Ich dachte zunächst eher an Donald Winnicott und Aaron Antonovsky, aber Schiller stimmt natürlich auch, wenn es um das Spielen und die innere Freiheit geht. Sie können es ja mal, wenn Sie wollen, ausprobieren. Die Veränderung Ihren inneren Besatzern gegenüber erkennen Sie daran, dass Sie auch Ihre wildesten Phantasien wie ein

Geschehen auf einer Bühne aus dem Zuschauerraum heraus mit Abstand betrachten können und in einem zweiten Schritt Sie *sich selber erzählen können*, was Sie da sehen. Sie können getrost zwischendurch auch dem Impuls folgen, auf die Bühne springen *zu müssen*, um dort live mitzumachen. Wichtig ist nur, dass Sie dann gelegentlich wieder von der Bühne zurück in den Zuschauerraum finden.

Sollte sich aber nichts ändern, dann suchen Sie sich eben einen Therapeuten. Fragen Sie ihn aber vorsichtshalber, was er vom Spielen hält. Winnicott meint, dass ein Therapeut ungeeignet sei, wenn er nicht selber spielen könne ..."

Willi ist ein fabelhafter Großvater geworden, der bestens mit seinen Enkeln spielen kann. Er ist auch wieder zu seiner Frau zurückgekehrt, von der er sich vor unserem Gespräch bereits getrennt hatte. Leider war seine Frau nicht in der Lage, ihre eigenen, insbesondere sexuellen Normen und Moralvorstellungen selbstkritisch zu reflektieren. Das *du musst* war für sie kein Problem: das macht man so, das gehört sich so, die Therapeuten haben doch selber einen Sockenschuss, waren ihre Standardsätze. Willi hat späterhin doch noch eine Therapie – bei einem spielfreudigen Therapeuten – realisiert. Diese Therapie brauchte er, um dem *du musst* seiner – ansonsten liebenswürdig zugewandten und hilfsbereiten – Frau gegenüber gelassen bleiben zu können.

Das Alter als dritte Chance für den Eigen-Sinn

Wäre Willi einige Jahre später zu mir gekommen, hätte ich ihm angesichts seiner Zweifel auch noch von den Kinderklinik-Clowns erzählen können. Mich interessierte deren Arbeit besonders, seitdem ich Clown Regenbogen kennengelernt hatte.

Schwerkranke Kinder haben in mancherlei Hinsicht ein ähnliches Schicksal wie Kriegskinder:

- hilflose, überforderte Eltern
- Schmerzen
- drastische Einschränkungen
- und: *du musst* jetzt aber das und das erdulden, damit du gesund wirst ...

Umso wichtiger dann, dass der Clown die *innere Freiheit*, das heißt, die Phantasie der Kinder verstärkt:

Was wollen wir machen? Kängurus fangen! Au ja, Klasse, sofort! Hüpfend und stolpernd jagt der Clown dem Känguru hinterher, das er dann vergeblich vom Schrank herunterzuholen versucht. Das Känguru fragt den Clown, ob es dem Kind seine Geschichte erzählen soll ... Klar soll das Känguru erzählen.

Die Impulse, die das Kind gibt, werden aufgegriffen, spielerisch umgesetzt. Der Clown ist ein armer Tölpel, ein *Loser*, wenn man so will. Aber er kann sich neben sich selbst stellen und über sich selber lachen. Er springt sozusagen federleicht von der Bühne in den Zuschauerraum – aus dem heraus er selbst sich zusammen mit dem Kind da oben auf der Bühne betrachtet – und von da wieder auf die Bühne zurück.

Wenn in den Großeltern die Kindheit wieder erwacht ist, können sie die Impulse ihrer Enkel in ähnlicher Form aufgreifen. Erstaunlicherweise können sie es oftmals, obgleich ihnen selbst in ihrer Kindheit eine innere Besatzungsmacht aufgezwungen worden ist. Ungefähr so mag sich das angehört haben:

- Was erzählst du da für einen Blödsinn!
- So sieht aber ein Pferd nicht aus!
- Träum nicht, komm jetzt sofort!
- Du singst aber schräg!
- Da wird sowieso nichts draus ...!

Das Alter bringt uns die dritte Chance – zum Beispiel in der Begegnung mit den Enkeln –, zu einem Eigen-Sinn zu kommen. Gleichzeitig kann dadurch das Kohärenzgefühl nochmals gestärkt werden. Winnicott würde in diesem Zusammenhang von einem *wahren Selbst* im Unterschied zu einem *falschen Selbst* sprechen. Das Konzept vom Eigen-Sinn oder wahren Selbst ist einfach: es kommt gegenüber den schöpferischen Impulsen des Kindes und der Erwachsenen ohne Nötigung und Beschämung aus.

Wenn im Alter oft – aber nicht immer – die Nötigung wegfällt, die Kinder versorgen und täglich zur Arbeit gehen zu *müssen*, dann können die schöpferischen Impulse der Kindheit allein dadurch schon einen starken Auftrieb bekommen. Allerdings nur, wenn sie nicht vorher unter dem inneren Besatzer völlig verkümmert sind. Schöpferische Impulse, die im Alter aufblühen, den Eigen-Sinn und damit gleichzeitig auch das Kohärenzgefühl stärken, ermöglichen eine Bewegung in Richtung zum *Gesundheits-Pol*. Damit werden nicht die Schwächen und Leidenszustände des Alters weggezaubert, sie sind aber für das Gesamtbefinden nicht mehr so bedeutsam. Auf diesem Wege können wir uns auch im Alter überraschenderweise noch sehr gesund fühlen. Wir müssten dann nicht mehr krampfhaft nachweisen, dass das Alter eben nicht nur eine „Defizitveranstaltung“ ist, der wir mit Anti-Aging-

Tricks begegnen, sondern wir können auch als endliche Mängelwesen uns gerade in dieser Lebensphase mit einem starken Kohärenzgefühl gelassen einrichten.

Das Erwachen der Kindheit im Alter kann darüber hinaus mit äußerlich sichtbaren schöpferischen Entfaltungen einhergehen. So zum Beispiel bei

- dem elder statesman Jimmy Carter und seinen kreativen Vermittlungen in Krisengebieten

- dem Philosophen Hans-Georg Gadamer, der sein Hauptwerk *Wahrheit und Methode* mit sechzig Jahren veröffentlichte

- dem Clown *Grock*, der mit 71 Jahren noch seinen eigenen Varietezirkus gründete

- der Schauspielerin Elisabeth Flickenschildt mit ihren Altersrollen

- meiner Patientin Charlotte, die im hohen Alter mit einer schweren Depression zu uns unter der Verdachtsdiagnose Demenz kam. Dann mit therapeutischer Hilfe jeden Tag mit ihrem Mann sang und tanzte, darunter wieder aufblühte, ihre Lebensfreude zurückgewann – und weiter tanzte und sang.

Genauso wertvoll und wichtig sind auch die mit stillem Humor und freundlicher Gelassenheit einhergehenden Persönlichkeitsentfaltungen im Alter als wertvolle Korrekturen in unserer vertrackten Gegenwart mit ihrer Hektik, Info-Müllgemaile und Gebabbel, Panik, Lebensfrust, Verkniffenheit und riskanten Größenideen.

Schon als Student hatte mich eine ältere Kinderkrankenschwester beeindruckt. Diese betreute vorwiegend Kinder mit einer angeborenen Verdickung und Übererregbarkeit des Magenpförtnermuskels – also des Muskels, der den Magen gegen den Dünndarm verschließt.

Kinder mit einer solchen *Pylorushypertrophie* beginnen häufig zwei bis drei Wochen nach der Geburt den größten Teil der gerade aufgenommenen Nahrung wieder zu erbrechen. Die Mutter/der Vater geraten darüber meist in sehr große Angst und Anspannung, wodurch das Erbrechen dieser sehr empfindsamen Säuglinge sich noch weiter verstärkt.

Und nun das „Wunder“: Nicht wenige dieser Kinder können dann in der Klinik allein schon in den Armen einer erfahrenen und gelassenen Säuglingsschwester die Nahrung bei sich behalten und gedeihen prächtig. (Andere Kinder benötigen zusätzlich noch eine besondere Nahrungszubereitung und krampflösende Medikamente, bei einigen wenigen ist eine Operation nicht zu vermeiden).

Die alte und erfahrene Säuglingsschwester wirkte mit Humor und Güte gleichzeitig auch auf die verzweifelten Eltern ein und entlastete diese von Schuldgefühlen und Versagensängsten. Wenn die Kinder dann mit einem gebesserten Allgemeinbefinden und Ernährungszustand nach Hause kamen, war meistens der Teufelskreis von Angst, Anspannung und Aufgeregtheit, in den die Mütter und Väter hineingeraten waren, soweit aufgelöst, dass auch elterlicherseits etwas mehr Gelassenheit dem Kind gegenüber verwirklicht werden konnte.

Diese Krankenschwester vermittelte sehr eindrucksvoll das, was *Marie von Ebner-Eschenbach* zur Gelassenheit sagt. Nämlich, dass diese die *anmutige Form des Selbstbe-*

wusstseins sei. Wir dürfen, glaube ich, schon davon ausgehen, dass die Dichterin sich dabei auf das Schillersche Verständnis von Anmut bezieht: „Anmut ist die Schönheit der Gestalt unter dem Einfluss der Freiheit." Für Schiller ist Anmut etwas, was von den äußeren körperlichen Eigenschaften eines Menschen gelöst betrachtet werden, so gesehen auch einem „weniger attraktiven" alten Menschen zu eigen sein kann. Das Gegenstück dieser in der Anmut sich zeigenden inneren Freiheit wird von Schiller als *Rigorismus* kritisiert.

Rigorismus ist den schon erwähnten Großinquisitoren, Geizhälsen und Moralaposteln zueigen. Wir treffen hier auf Menschen, denen das Alter kein Aufwachen der Kindheit mit spielerisch-dialogischen Erfahrungen und kein anmutiges Selbstbewusstsein bringt, sondern Verkrampfung und Verbissenheit.

Wir können davon ausgehen, dass solche Menschen in der Kindheit eben keine Freiheit in Spiel und Dialog erfahren haben, sondern ihr Gewissen über die verinnerlichte Besatzungsmacht zu einem dialogunfähigen, unduldsamen Diktator deformiert wurde.

Entlang der Freudschen Theorie sind es meistens sehr vitale und temperamentvolle Kinder, zu deren Bändigung ein solcher innerer Diktator eingesetzt wird. Dieser bezieht dann paradoxerweise seine Energie wie eine Kolonial- oder Besatzungsmacht aus dem ursprünglichen Reichtum des Kindes an Vitalität und Temperament.

Es gibt aber durchaus auch Menschen, die ein strenges Gewissen zur Bewachung ihres Temperaments im Laufe ihrer Kindheit bekommen, die aber gleichzeitig auch Freiheit und schöpferische Entfaltung im Spiel und Dialog erfahren haben. Letztere können zu einer späteren „Demokratisierung" des Gewissens beitragen, d.h. eine innere

Opposition ermöglichen, wenn das Gewissen bei nachlassender Gesamtvitalität über weniger Ressourcen verfügt, zugleich auch nicht mehr so stark befürchten muss, dass diese Vitalität inakzeptable Handlungsweisen mit sich bringt.

Als Beispiel hierfür diesmal keine Patientengeschichte, sondern eine Therapeutengeschichte:

Ich denke da an einen Kollegen, den ich nun bald schon seit drei Jahrzehnten kenne. Er ist Analytiker und hat eine klassische analytische Ausbildung durchgemacht. Das heißt, dass er über sein „therapeutisches Gewissen" in seiner Ausbildung verinnerlichen musste, Abstand zu seinen Patienten zu halten, persönliche Dinge und das, was auf seine Persönlichkeit schließen lassen könnte, strikt aus der Begegnung mit den Patienten herauszuhalten, keinesfalls auch nur irgendwie annähernd ihm bekannte Menschen in Therapie zu nehmen, insgesamt also für den Patienten ziemlich undurchsichtig zu bleiben ... Ich habe gelegentlich Patienten zu diesem Kollegen geschickt, die meistens von ihm profitierten, mitunter sich aber auch beklagten, dass er eben sehr streng, kühl und distanziert sei und sie sich deswegen mit ihren Anliegen von ihm nicht verstanden fühlten. Im Laufe der Jahre – nein im Laufe der Jahrzehnte – änderte sich das. Ich selber gewann den Eindruck, dass mein Kollege gelöster und gelassener wirkte, die sonst sehr streng gehandhabten Regeln seiner Therapien lockerte und variierte, auch schon mal – sinnvollerweise aber sehr sparsam – auf direkte Fragen seiner Patienten einging, dabei auch nicht mehr so strikt in seiner Anonymität blieb. Den Patienten bekam dies nach meinem Eindruck deutlich besser.

Es gibt übrigens ein wunderschönes Beispiel, das der bekannte Analytiker *Michael Balint* (1896–1970) schildert und das uns veranschaulicht, wie produktiv Gelassenheit sich auswirken kann, wenn scheinbar die meisten Regeln in der Analysestunde wortwörtlich „auf den Kopf gestellt werden."

Lassen wir Michael Balint doch selber erzählen (1970):

„Es war zu jener Zeit, als ich einmal die Deutung gab, es sei für sie (die Patientin) sehr wichtig, immer den Kopf oben und die Füße fest auf dem Erdboden zu behalten. Darauf erwähnte sie, dass sie es seit frühester Kindheit nie fertiggebracht habe, einen Purzelbaum zu schlagen, obwohl sie es oft versucht hatte und ganz verzweifelt war, wenn es nicht ging. Ich warf ein: ‚Na, und jetzt?' – worauf sie von der Couch aufstand und zu ihrer eigenen größten Überraschung ohne weiteres auf dem Teppich einen tadellosen Purzelbaum schlug. Dies erwies sich als ein wahrer Durchbruch …"

Wir können davon ausgehen, dass zumindest einige von Balints Berufskollegen und -kolleginnen die Hände über dem Kopf zusammengeschlagen haben, als sie das erste Mal von dieser Episode hörten. Nun gehört es sicherlich nicht zum Alltag eines Analytikers, turnerische Übungen während seiner Therapiestunde zu fördern, aber darum geht es auch gar nicht. Es geht vielmehr darum, dass Balint lächelnd und gelassen das Außergewöhnliche seiner Patientin begleiten konnte. Ihr damit gewissermaßen einen Sprung in eine neue Erlebensweise ihrerselbst ermöglichte. Und sein therapeutisches Gewissen ihm nicht das außergewöhnliche Handeln seiner Patientin verbot!

Michael Balint konnte über seine sehr schöpferische und einfallsreiche Tätigkeit ein ausgesprochen dialogfähiges Gewissen deutlich werden lassen. Vielleicht liegt darin ja allgemein auch ein Beweggrund für eine Veränderung des Gewissens im Alter zur Dialogfähigkeit hin, nämlich, dass schöpferische Tätigkeit mit ihren Intermediärräumen des Dialoges und Spielens den *Menschen insgesamt* im Laufe seines Lebens freier werden lassen kann. Und zwar durchaus im Sinne Schillers. Die Ausnahmen wie z.B. Michelangelo, der sein ganzes Leben lang ziemlich verkniffen gewesen sein soll, bestätigten dann die Regel.

Unsere Dialogfähigkeit und damit auch die Dialogfähigkeit des Gewissens *beginnen* aber mit unseren eigenen frühen Lächeldialogen und bedürfen auch weiterhin im ganzen Leben der Lächeldialoge. Insbesondere bedarf unser Gewissen auch der Menschen, die lächelnd zugeben können, sich geirrt oder auch Unrecht zu haben. Wenn wir allerdings der Ideologie folgen, dass wir immer Gewinner sein müssen, dann können wir das nicht. Aber – vielleicht ist unsere gegenwartstypische Vorstellung vom Gewinnen auch nur sehr oberflächlich. Wie viel könnten wir an Gelassenheit gewinnen, wenn wir lächelnd uns selbst korrigieren könnten.

Und das hat wieder mit Humor zu tun – das heißt, den Clown in uns selbst zu Worte kommen zu lassen.

Es darf dennoch gelacht werden

Jede Angst hat ihre Gegenspielerin, nämlich den Humor – so Viktor Frankl. Humor ist damit eine wesentliche salutogenetische Ressource. Oder etwas weniger umständlich ausgedrückt: Lachen ist gesund.

Humor und Heiterkeit eines Kleinkindes mit seinen Wortschöpfungen und *als ob-Spielen* lassen die Großeltern dahinschmelzen, verleiten auch sonst sehr würdevolle Herrschaften zu den albernsten Späßen.

Wenn der Opa eine Grimasse zieht und grunzt und quiekt, das *Unerwartete* in seinem sonstigen Verhaltenskontext und das *als ob* (er ein Schweinchen wäre) den zweijährigen Enkel zum Lachen bringt – oder ebenso die *Unverhältnismäßigkeit* von Kraftaufwand und Ergebnis beim Schuhanziehen –, dann geschieht Unglaubliches:

- es öffnen sich die Türen, die unmittelbar in die Intermediärräume des Spielens und des Dialoges führen

- so entfaltet sich auch eine „Leichtigkeit des Seins" als Korrektiv zur Last der Wirklichkeit

- und es entsteht eine Beziehung, über die – späterhin verinnerlicht – durch ein Augenzwinkern ein Drama, ein Konflikt, eine interaktionelle Katastrophe und Blamage ohne viel Aufwand entschäft werden können.

Ziemlich klar, dass dem, was im Kleinkindesalter sich so wirkmächtig zeigt und ebenso im Alter eine starke Resonanz erzeugen kann, eine besondere protektive Bedeutung, d. h. Schutzfunktion zukommen muss: seelisch und körperlich. Im Nachklang des Lachens werden Stressfunktionen heruntergefahren. Entspannung und Gelassenheit gehen dabei mit körperlicher Erholung und positiver Weiterentwicklung insbesondere der Hirnfunktionen einher. Und bei ungünstigeren Ausgangsbedingungen können Heiterkeit und Humor katastrophale Entwicklungen mildern und verzögern:

Der Maler Horst Janssen (1929 – 1995) hat wunderbare Landschaften und Stilleben gemalt, meistens mit einer melancholischen Grundtönung. Auch bei einem eher primären Kunstverständnis sind sie für viele sehr ansprechend. Daneben gibt es von ihm „morbide Orgien", die danach fragen lassen, aus welcher Verfasstheit heraus diese Bilder wohl entstanden sein mögen. (Diese Frage ist eigentlich nicht zulässig, da jedes künstlerische Produkt einen Anspruch darauf hat, unabhängig vom Produzenten und dessen Verfasstheit beim Produzieren wahrgenommen zu werden. Dies in Unterscheidung von schöpferischen Produktionen in einem therapeutischen oder pädagogischen Zusammenhang).

Horst Janssens Leben war chaotisch und zugleich unglaublich kreativ: auf einer Reise der Mutter „zwischendurch" geboren, Kindheit und Jugend in Oldenburg, Adoption durch den Großvater, seinen Vater hat er nie kennengelernt. Im Jahre 1939 Tod des Großvaters und Adoption durch das Vormundschaftsgericht, vier Jahre später Tod der Mutter. Von 1942 bis 44 Schüler der „Nationalpolitischen Erziehungsanstalt" in Haselünne, dann Adoption durch die jüngere Schwester der Mutter …

Mit achtzehn Jahren erste Veröffentlichung einer Zeichnung in der Wochenzeitschrift *Die Zeit*. Ab 1950 erste Holzschnittarbeiten. Sein Vorbild ist Edvard Munch.

In der weiteren Folge hat Janssen Radierungen, Lithographien, Aquarelle und Zeichnungen geschaffen, die nekrophil Nacktes neben poetisch Melancholischem zeigen – noch Blühendes und schon Verwelkendes. Nichts hat Bestand, der Augen-Blick kann aber unglaublich schön sein. Ähnliches galt wohl auch für seine leidenschaftlichen Liebesbeziehungen. Über einen frühen inneren sicheren Ort wird er allerdings kaum verfügt haben. Aber der Transport der inneren Zerrissenheit ins schöpferische Sujet – die Wandlung vom erleidenden Objekt ins selbstgestaltende Subjekt – sowie sein Humor waren seine salutogenetischen Möglichkeiten, die ihm dennoch den Schritt zurück, das Verweilen, die Kunstpause ermöglichten. Trotz der Folgen seines Alkoholmissbrauchs und eines Unfalls mit vorübergehender Erblindung und nachfolgender starker Seheinschränkung hat er dennoch weitergemalt, nicht resigniert.

Ob er das Reiseziel Gelassenheit erreicht hat, erscheint mehr als zweifelhaft. Vielleicht war er aber auch in seiner Leidenschaftlichkeit an einem sicheren inneren Ort vorrangig gar nicht interessiert – obschon die Utopie eines solchen Ortes, ein Vorwissen davon, in seinen Bildern und Selbstbeschreibungen immer wieder aufscheinen. Leidenschaft braucht meist keinen sicheren inneren Ort, ist sich – zunächst – sicher genug. Und: indem sie als poetisches, literarisches oder bildnerisches Sujet erscheint, ermöglicht sie auch eine Existenz, die mehr Alternativen aufweist als in der Leidenschaft zu verbrennen oder in der kühlen Distanz zu erstarren. Mit einem lachenden und einem weinenden Auge zieht Horst Janssen selbst in seinem fünfzigsten Lebensjahr ein vorläufiges Resumée seiner Lebensreise: „Wanderer, bist du eine Weile mit dem hier gegangen, dann sag den Leuten, dass er auf dem Weg ist von Oldenburg über Venedig, Svanshall, Oslo/New York, Chicago, Los Angeles, Tokio + Rom nach Oldenburg. Sag den Leuten, dass er in Harvard Vortrag hält, dass die kleinen Kerle in Tokio ganz / lüstern auf ihn sind, dass er in seinem Ranzen die Erinnerung an einige tausend Zeichnungen und Zinkplatten schleppt nebst einigen Minischicksalen. / Sag weiter den Leuten: Seine Augen können auch im Schlaf das Kucken nicht lassen: Er zeichnet mit seinem Geschlecht und in seinem Herz wütet der Ehrgeiz / Seine Sehnsüchte sind wehleidig und kitschig, und in seinem dicken Kopf bläht sich die Liebe und in seinem Bauch die geile Gier. Seine Ansprüche sind masslos, aber / dieselben für seine Freunde nicht erkennbar, und die Menschen im Allgemeinen liebt er und er verlangt von denen nix. Er wacht neunzehn Stunden am Tag, trägt / manchmal zweihundert Pfund und manchmal 150 Pfund seiner Selbst auf den dünnen Beinchen. Für Pfunde anderer Art haben sie keine Kraft übrig, / denn wie gesagt: er ist auf dem Weg von Oldenburg nach Oldenburg ..."

Horst Janssens Kommentierung zu einem Bild mit Weintrauben: das Bild zeigt eine Metamorphose zur Jugendfrische im Alter, aus gammeligen, welken Weintrauben werden knackige „junge Rosinen" ...

Anders sah die Lebensreise zur Gelassenheit des spanischen Malers Joan Miró (1893–1983) aus. Schon als Kind malte er gerne humorvolle Bilder. Eines davon hieß „Der Hühneraugendoktor". Auch heißt es, dass er als Kind gerne Geschichten erzählt habe. Jedoch hätten nur wenige Zeit und Lust gehabt, ihm zuzuhören. Fleiß, Pünktlichkeit und Genauigkeit prägten den elterlichen Handwerkerhaushalt. Statt des Dialoges stand da wohl eher der Monolog im Vordergrund – in Form von Anweisungen.

Und für Geschichten war nur wenig Platz. Deshalb habe der kleine Joan früh angefangen, Bilder zu malen. Auf diese Weise erzählte er seine Geschichten dem Papier, damit sie nicht vergessen würden. Auch seine späteren Bilder haben noch viele Geschichten und Tagträumereien erzählt ... Auf deren Symbole und Abstrahierungen angesprochen, hat Miró selbst sich meist sehr wortkarg und einsilbig gezeigt, oft hat er einfach nur geschwiegen. Das, was Miró zu sagen hatte, war über die Bilder schon mitgeteilt. Der Betrachter der Bilder wurde damit zum Dialogpartner, der entlang *seiner* Eindrücke und Empfindungen seine *eigene* Antwort zu suchen hatte. Miró ließ dem Betrachter kaum eine andere Wahl, als die Antwort bei sich selbst zu suchen.

Obwohl Mirós künstlerisches Talent im Malen ziemlich früh deutlich wurde, standen seine Eltern diesem sehr skeptisch gegenüber. Der Vater konnte mit den Phantasien und Zeichnungen seines Sohnes überhaupt nichts anfangen, wohingegen die Mutter wohl einfühlsamer und verständiger gewesen war. Allerdings sei dieses Verständnis dann „in den Tränen erstickt", die die Mutter darüber vergossen habe, dass ihr Sohn nicht den Goldschmied- und Uhrmacherbetrieb des Vaters habe übernehmen wollen. Der Junge sollte doch zumindest etwas Handfestes erlernen, nachdem er für eine „höhere" Schulausbildung nur wenig Interesse gezeigt hatte.

In diesem Konflikt zwischen elterlichen Interessen und seinen eigenen Neigungen probierte Joan einen Kompromiss: parallel besuchte er sowohl die Handelsschule in Barcelona als auch die berühmte Kunstakademie von Llonja. Der Besuch der Kunstakademie gerät jedoch zu einer Katastrophe. Miró gilt als schlechter Schüler, der besonders mit dem Material seine Schwierigkeiten hat. Wobei es wohl weniger um das Material als um die Gebrauchsanweisungen ging, von denen Miró sehr früh schon nichts wissen wollte.

Nach dem Besuch der Handelsschule beginnt Miró im Jahre 1910 als angestellter Buchhalter einer Drogerie in Barcelona zu arbeiten. Seine künstlerischen Arbeiten bricht er zu diesem Zeitpunkt ab. Einige Monate später wird er depressiv und erkrankt schwer an Typhus. Nach dem Abklingen der akuten Infektion kommt er nicht mehr auf die Beine. So wird Miró, wie damals üblich, aufs Land geschickt, um dort zu genesen. Das von seiner Familie erstandene Anwesen im ländlich-ruhigen Montroig wird für Miró ein geeigneter Zufluchtsort. Er ist auch später immer wieder dorthin zurückgekehrt. In den Monaten, die er im Jahre 1911 dort verbringt, reift in ihm nach langem inneren Ringen der Entschluss, sich den elterlichen Karriereplänen für ihn zu widersetzen und sich dem zu widmen, was ihm selber als wichtig und sinnvoll erscheint, nämlich nur noch zu malen. In diesem Zwiegespräch mit den verinnerlichten Eltern mag er diesen sinngemäß schon damals gesagt haben, was als Originalzitat (mit einer kleinen Variante) aus dem Jahre 1959 belegt ist: „Um wirklich erwachsen zu werden, muss man sein falsches Selbst abstreifen. Für mich heißt das aufhören, ein Kind (im Originalzitat: Maler, E. S.) zu sein, das zu einer bestimmten Gesellschaft gehört, die durch Grenzen und bestimmte soziale Konventionen bestimmt wird ..."

Und die Eltern geben nach – mehr oder minder halbherzig. Indem Miró aber seinen Entschluss umsetzen kann, wird er gesund.

Miró zeigte sich als erwachsener Mensch mit einer depressiven Grundstimmung zumeist still und in sich gekehrt. Insbesondere aus der Zeit des spanischen Bürgerkrieges, die Miró in Südfrankreich verbrachte, stammen viele Werke, die die Bedrücktheit und auch das Entsetzen des Malers über die Ereignisse in Spanien widerspiegeln. Aber auch spätere Werke sind immer noch sehr ernst gehalten. Als Kontrast dazu schuf Miró die Bilder, die wir als erstes mit ihm in Verbindung bringen: einschließlich der Bildtitel heiter-frivol, witzig, humorvoll. Mirós Abenteuer- und Experimentierlust kennt insbesondere im höheren Lebensalter keine Grenzen. Neben den zahlreichen keramischen und plastischen Arbeiten in seinen letzten Lebensjahren greift Miró auch zu den ältesten Handwerkskünsten der Menschheit, nämlich der Flecht- und Webkunst, die besonders in seiner katalanischen Heimat ihre Ursprünglichkeit und Frische bewahrt hat. Er gerät darüber in einen „fieberhaften Zustand der Entdeckerfreude." Gegenstände wie Metalleimer oder Regenschirme werden in seine Teppiche mit eingewebt, treten mit ihm die abenteuerliche Reise in den Raum der Phantasie an.

Bemerkenswert ist auch heute immer wieder noch, wie seine Bilder ohne viel Erläuterungen Grundschulkinder ansprechen können, sie mit einem mitempfundenen Lächeln ermuntern können, mit Witz und Humor auf ähnliche Art und Weise sich in den Intermediärräumen zu erproben.

Das, was wir dem Dialog mit Mirós Bildern entnehmen können, verweist schon darauf, dass er im Verlauf seiner Lebensreise an einem inneren sicheren Ort angekommen sein mag. Insbesondere der Humor, der aus seinen Bildern spricht, weist in diese Richtung.

Auch Mirós Werk zeigt, dass über den Humor das Leiden an der Welt und an sich selbst auf Distanz gebracht werden kann. Aber nicht nur das, ebenso kann sich auch

- eine innere Stimmungsaufhellung zeigen, die uns befähigt, neue Zusammenhänge zu erkennen,
- eine Kreativität zeigen, die neue Lösungen ermöglicht,
- im gemeinsamen Lachen das Gruppenkohärenzgefühl entfalten,
- körperliche Verspannung lösen,
- eine der Welt wieder zugewandte Gelassenheit einstellen.

Die meisten Kinder verfügen infolge der Lächeldialoge über eine heitere und humorvolle Reaktionsbereitschaft, die wie die Lächeldialoge selbst sehr ansteckend wirken kann. Was aus dem Humor eines Kindes dann wird, hängt auch davon ab, was es im Anschluss an die Lächeldialoge weiterhin an Humor – in welcher Dosierung und mit welchen Nebenwirkungen – erfährt. Ausgrenzendes Gelächter, durch das der Zusammenschluss einer Gruppe auf Kosten eines ausgeschlossenen Opfers erfolgt, führt bei dem Opfer zur Beschämung, zum Rückzug und zur Krankheit, bei den Lachenden zur Verrohung und zur Unfreiheit im Gruppenzwang. Der freundliche Clown in uns verdünnisiert sich dann ganz weit in die fernsten Winkel unserer Erlebens- und Verhaltensmöglichkeiten. Er kann aber auch, sofern er zwischendurch nicht verhungert sein sollte, wieder behutsam hervorgelockt werden. Zum Beispiel durch Lächeldialoge. Aber auch durch gemeinsames Singen, Bildermalen, Geschichtenerzählen ... Ungefähr so wie in Tausendundeine Nacht.

Epilog: Einladung zum Verweilen

„In (...) ‚meiner' Klasse, war 1946 eine Mitschülerin Chinesin. Sie schrieb ihrem Vater wöchentlich einen Brief. Wöchentlich, weil sie sieben Tage lang je ein paar Stunden dazu verbrauchte. Denn nicht der Inhalt der Mitteilung war das Primäre – die ausbalancierte Form war die Mitteilung. Vielleicht stand nach unserem Verständnis nur drin: ‚Vater, es gibt mich'. Und nur an den Bildern der Schrift erkannte der Vater dann: WIE es sie gab, die Tochter."

Horst Janssen

Liebe Leserinnen, liebe Leser,

da ich Sie einladen möchte, mal wieder mit der Hand zu schreiben, verfasse ich diesen Text zunächst auch handschriftlich.

Nein, ich möchte nicht missionieren und Ihnen den Spaß am „Simsen" oder „Emailen" verderben. Schnellkommunikation hat auch ihren eigenen Wert. Aber, *nur* kommunikative Quickies? Viele Gedanken werden beim Reden wie beim Schreiben erst *allmählich* verfertigt. Darauf hatte schon Heinrich von Kleist im Hinblick auf das Reden aufmerksam gemacht.

Wenn Sie *mit der Hand schreiben*, geschieht Folgendes: Die unmittelbare Beziehung unserer Finger- und Handbewegungen zu dem Geschriebenen, die Verknüpfung unserer Motorik mit der visuellen Wahrnehmung unseres

Schrift-Bildes sowie die gleichzeitige Verbindung mit unseren Denksymbolen führt zu einem gestalterischen Gesamtprozess. Dieser ermöglicht, dass wir das, mit dem wir uns beim Schreiben beschäftigen, intensiv vergegenwärtigen und zugleich der Brief zu einem sehr persönlichen Abbild unserer aktuellen Verfasstheit werden kann; mehr noch: unsere Beziehung zum Empfänger des Briefes widerspiegeln kann. (Die Frage ist allerdings die, ob wir das auch immer wollen.)

Uns interessiert im Hinblick auf unser Thema Gelassenheit aber noch ein weiteres Moment: Die intensive Vergegenwärtigung unseres Brief-Gedankens in einem gestalterischen Gesamtprozess meint zugleich auch ein affektives Durch- und Verarbeiten des Themas, bei dem wir verweilen. Auch Briefe, die nicht abgeschickt werden, fördern wie z.B. Tagebucheintragungen, Gelassenheit. Denn ich kann dem, was mich bewegt oder bedrückt, meine eigene Form geben. Ich wandle mich dabei vom erleidenden Objekt zum selbstgestaltenden Subjekt meiner (wiederkehrenden) Gedanken und Affekte. Zugleich sehe ich wie aus dem Zuschauerraum heraus die Szene auf meiner inneren Bühne ablaufen, werde zugleich Autor meines eigenen Dramas. Verweilendes Schreiben ist wie ins Kamin- oder Lagerfeuer schauen: anregend und beruhigend zugleich. Nicht zuletzt: wenn ich einen handgeschriebenen Brief, in dem so viel von mir steckt, an einen mir vertrauten Menschen schicke, dann weiß ich das, was mich bewegt, auch an einem guten, sicheren Ort untergebracht. Ähnlich – ein bisschen zumindest – verhält es sich mit einem ab- oder gut wegschließbaren Tagebuch, das auf diese Weise einen mir verfügbaren sicheren Ort symbolisieren kann.

Vielleicht werden Sie, liebe Leserin, lieber Leser, jetzt einwenden, dass dies ein sehr bildungsbürgerlicher Weg zur Gelassenheit sei. Sie wüssten noch andere: das Angeln, das Betrachten der Weite des Meeres oder der Wüste, die gleichmäßigen Bewegungen von Fischen und Pflanzen im Aquarium oder eines wogenden Kornfeldes. Andere Wege wären das Beten, Meditieren oder das Singen z.B. Gregorianischer Choräle ...

Nun, ich glaube, dass ich da sofort zustimmen kann – es gibt *viele* Wege zur Gelassenheit. Suchen wir uns den, der für uns der nächste ist.

Allerdings, es gibt zur Gelassenheit manchmal auch notwendige Umwege. Solche Umwege bin ich gegangen, um einigermaßen mit Gelassenheit feststellen zu können, dass ich den „Puddingbegriff" Gelassenheit eben nicht an die Wand nageln kann, sondern dass Gelassenheit in vielen Aspekten jeweils aus den Zeiten und Kulturen heraus, aus denen sie angestrebt wird, zu verstehen ist.

Wenn Sie, liebe Leserin, lieber Leser, Wege zur Gelassenheit gefunden haben, die hier in dem Buch nicht genannt sind, so würde ich mich sehr darüber freuen, wenn Sie mir davon schreiben würden. Gerne auch über eine Email.

Ihr
Eckhard Schiffer

Psychosomatische Abteilung
am Christlichen Krankenhaus
49610 Quakenbrück
Email: e.schiffer@christliches-krankenhaus-ev.de

Literatur

Adamek, K. (2002): Wenn die Seelen verstummen. Der schleichende Verfall des Singens ist eine Gefahr für die Gesellschaft. Zeitzeichen, 3, 8, 24–26.

Antonovsky, A. (1993): Gesundheitsforschung versus Krankheitsforschung. In: A. Franke u. M. Broda (Hrsg.) Psychosomatische Gesundheit. Versuch einer Abkehr vom Pathogenese-Konzept. Tübingen: dgvt-Verlag.

Antonovsky, A. (1997): Salutogenese. Zur Entmystifizierung der Gesundheit. Tübingen: dgvt-Verlag.

Aristoteles (1994): Die Poetik. Stuttgart: Philipp Reclam jun.

Bahr, H.-E. (1994): Revolte und Einsamkeit. Über Albert Camus. Evangelische Aspekte, 4, 1, 16 – 18.

Balint, M. (1970): Therapeutische Aspekte der Regression. Die Theorie der Grundstörung. Stuttgart: Klett.

Bauer, J. (2005): Warum ich fühle, was du fühlst. Intuitive Kommunikation und das Geheimnis der Spiegelneurone. Hamburg: Hoffmann und Campe.

Behrendt, J. E. (1992): Das Jazzbuch. Frankfurt/M.: Fischer.

Berger, P. L. (1998): Erlösendes Lachen. Das Komische in der menschlichen Erfahrung. Berlin: de Gruyter.

Bettelheim, B. (1977): Kinder brauchen Märchen. Stuttgart: dva.

Beutel, M. (1991): Zur Psychobiologie von Trauer und Verlustverarbeitung – neuere immunologische und endokrinologische Zugangswege und Befunde. Psychotherapie, Psychosomatik, Medizinische Psychologie, 41, 267–277.

Dornes, M. (1993): Der kompetente Säugling. Die präverbale Entwicklung des Menschen. Frankfurt/M.: Fischer.

Dornes, M. (2005): Theorien der Symbolbildung. Psyche – Z Psychoanal., 59, 72–81.

Ende, M. (1973): Momo. Stuttgart: Thienemann.
Erben, W. (1998): Joan Miró. Mensch und Werk. Köln: Benedikt Taschen Verlag.
Fonagy, P. u.a. (2002): Affektregulierung, Mentalisierung und die Entwicklung des Selbst. Stuttgart: Klett-Cotta.
Frankl, V. E. (1976): Der Mensch auf der Suche nach dem Sinn. Zur Rehumanisierung der Psychotherapie. Freiburg i.Br.: Herder.
Frisch, M. (1957): Homo Faber. Frankfurt/M.: Suhrkamp.
Gadamer, H.-G. (1986): Gesammelte Werke 1, Hermeneutik II. Tübingen: I. C. B. Mohr.
Gadamer, H.-G. (1993): Gesammelte Werke 8, Ästhetik und Poetik I. Tübingen: I. C. B. Mohr.
Geißler, K. A. (2005): Mach mal Pause! Interview mit Karlheinz A. Geißler in: Chrismon, Heft 7/2005.
Glockner, H. (1960): Die europäische Philosophie von den Anfängen bis zur Gegenwart. Stuttgart: Philipp Reclam jun.
Gollwitzer, H. (1985): Krummes Holz – aufrechter Gang. München: Kaiser.
Houellebecq, M. (2000): Ausweitung der Kampfzone. Hamburg: Rowohlt.
Janssen, H. (1995): Radierzyklen. Katalog und Werkverzeichnis. Hrsg.: Ewald Gäßler. Oldenburg: Verlag Manfred Meins.
Janssen, H. (2005): Gegen die Zeit gezeichnet. Blumen und andere Stillleben. Mit einem Vorwort von Jutta Moster-Hoos und Beiträgen von Reiner Meyer. Oldenburg: Isensee-Verlag.
Jaspers, K. (1973): Philosophie I. Philosophische Weltorientierung. Berlin, Heidelberg und New York: Springer.
Kierkegaard, S. (1962): Die Krankheit zum Tode. Reinbek: Rowohlt.
Kraus, W. u. Mitzscherlich, B. (1998): Abschied vom Großprojekt. Normative Grundlagen der empirischen Identitätsforschung in der Tradition von James E. Marcia und die Notwendigkeit ihrer Reformulierung. In: Keupp, H. u. Höfer, R.

(Hrsg.), Identitätsarbeit heute. Klassische und aktuelle Perspektiven der Identitätsforschung. Frankfurt/M.: Suhrkamp.
Kraus, W. (2000): Das erzählte Selbst. Die narrative Konstruktion von Identität in der Spätmoderne. Herbolzheim: Centaurus.
Krause, R. (2001): Affektpsychologische Überlegungen zur menschlichen Destruktivität. Psyche – Z. Psychoanal., 55, 934 – 960.
Leibholz-Bonhoeffer, S. (1971): Weihnachten im Hause Bonhoeffer. Wuppertal-Barmen: Johannes Kiefel.
Mead, G.-H. (1973): Geist, Identität und Gesellschaft. Frankfurt/M.: Suhrkamp.
Niem, A. (2002): Seneca, De Providentia. Ein Kommentar. Inauguraldissertation: Books on Demand GmbH.
Oliver, P. (1978): Die Story des Blues. Reinbek: Rowohlt.
Paul, F. Hrsg. (2004): Begegnungen mit Bach. Erzählungen zu Johann Sebastian Bach. Leipzig: Evangelische Verlagsanstalt.
Picht: G. (1987): Kunst und Mythos. Stuttgart: Klett-Cotta.
Picht, G. (1992). Aristoteles' „De Anima". Stuttgart: Klett-Cotta.
Platschek, H. (1993): Joan Miró. Reinbek: Rowohlt.
Reddemann, L. (2001): Imagination als heilsame Kraft. Zur Behandlung von Traumafolgen mit ressourcenorientierten Verfahren. Stuttgart: Pfeiffer bei Klett-Cotta.
Reddemann, L. (2004): Eine Reise von 1000 Meilen beginnt mit dem ersten Schritt. Seelische Kräfte entwickeln und fördern. Freiburg i.Br.: Herder.
Richter, H.-E. (1987): Leben statt Machen. Einwände gegen das Verzagen. Hamburg: Hoffmann und Campe.
Rosenberg, M. B. (2001): Gewaltfreie Kommunikation. Eine Sprache des Lebens. Paderborn: Junfermann.
Rosenberg, M. B. (2004): Konflikte lösen durch Gewaltfreie Kommunikation. Ein Gespräch mit Gabriele Seils. Freiburg i.Br.: Herder.
Sack, M., Künsebeck, H.-W. u. Lamprecht, F. (1997): Kohärenzgefühl und psychosomatischer Behandlungserfolg – eine em-

pirische Untersuchung zur Salutogenese. Psychother. Psychosom. med. Psychol., 47, 149 – 155.

Speidel, H. (2005): Herzschmerz und Leidenschaft. Balint, 6, 1–9.

Spitzer, M. (2002): Lernen. Gehirnforschung und die Schule des Lebens. Heidelberg u. Berlin: Spektrum, Akademischer Verlag.

Spitzer, M. (2003): Der Mandelkern und die metakognitive Kernkompetenz. Gehirnforschung für die Schule. Nervenheilkunde, 22, 216–219.

Schiffer, H. u. Schiffer, E. (1982): Die Welt nicht mehr begreifen können. Evangelische Kommentare, 15, 385–387.

Schiffer, E. (1990): Der entfremdete Hunger. Weltzerstörende Unersättlichkeit als Suche nach Sinn und Geborgenheit. Basel und Baunatal: Recom.

Schiffer, E. (1993/1997): Warum Huckleberry Finn nicht süchtig wurde. Anstiftung gegen Sucht und Selbstzerstörung bei Kindern und Jugendlichen. Weinheim und Basel: Beltz.

Schiffer, E., (2000): Zwischen Kreativitätskrampf und schöpferischem Weltentwurf. In: P. Subkowski u. W. Wittstruck (Hrsg.) Kunst und Therapie. Freiburg i.Br.: Lambertus.

Schiffer, E. (2001): Wie Gesundheit entsteht. Salutogenese: Schatzsuche statt Fehlerfahndung. Weinheim und Basel: Beltz.

Schiffer, E. u. Schiffer, H. (2004): LernGesundheit. Lebensfreude und Lernfreude in der Schule und anderswo. Weinheim und Basel: Beltz.

Steptoe, A. et al (2005): Positive affect and health-related neuroendocrine, cardiovascular and inflammatory processes Quelle: www.pnas.org/cgi/doi/10.1073/pnas.0409174 102 6508–6512 Á PNAS Á May 3, 2005 Á vol. 102 Á no. 18

Tillich, P. (1986): Symbol und Wirklichkeit. Göttingen: Vandenhoeck und Ruprecht.

Winnicott, W. Donald (1979): Vom Spiel zur Kreativität. Stuttgart: Klett-Cotta.

Gelassen bleiben

Angelika Faas
Ballast abwerfen!
Downshifting – damit das Leben leichter wird
Band 5212

Müssen wir wirklich alles tun, was wir tun? Ein Buch für alle, die unter Zeitknappheit leiden und den Versprechungen des Zeit-Managements nicht mehr glauben.

Daniel Hell
Aufschwung für die Seele
Wege innerer Befreiung
Band 5572

Wer sich auf das leib-seelische Erleben einlässt, gewinnt an innerer Stärke: Das Leben bekommt eine größere Spannweite. Eine neue hilfreiche Sicht.

Jean Monbourquette
Finde deinen Platz im Leben
Der inneren Bestimmung folgen
Band 5298

Mit Übungen und Ritualen kommt der Leser auf seine Lebensspur. Einladung zu einem spannenden Abenteuer.

Luise Reddemann
Eine Reise von 1000 Meilen beginnt mit dem ersten Schritt
Seelische Kräfte entwickeln und fördern
Band 5448

Auf den ersten Schritt kommt es an: Neue Lebensfreude entdecken – die inneren Heilkräfte aktivieren. Die Autorin gibt hier ihre lange therapeutische Erfahrung weiter.

Irmtraud Tarr
Loslassen – die Kunst, die vieles leichter macht
Band 5368

Loslassen, sich von alten Dingen trennen, sich auf das wirklich Wichtige einlassen: Das führt zu mehr Gelassenheit.

HERDER spektrum